ちくま新書

日本の教育はダメ

比較データで問いなおす

小松 光
Komatsu Hikaru
ジェルミー・ラプリー
Jeremy Rappleye

JN052174

1549

日本の教育はダメじゃない——国際比較データで問いなおす【目次】

はじめに

†日本の教育を壊さないために

「日本の学校教育はダメだ」

そのように言う人はたくさんいます。あるいは「日本の学校教育は創造性を育《はぐく》まない」「日本の学校はいじめの温床になっている」、そういう話をしばしば耳にしますが、日本の学校教育を褒める人はあまり多くありません。

それはある程度、仕方のないことかもしれません。日本の学校教育について議論する人は、日本の学校教育を良くしたいと考えて議論をするわけです。なので、改善すべき点が議論の中心になり、そのためには自然と「日本の教育はダメだ」という前提を取らざるを得ないのかもしれません。もちろん、改善すべき点を議論をするのは重要なことですし、議論の中には一考に値するものも多くあります。

ただ、「日本の学校教育はダメだ」という話が社会に蔓延《まんえん》し、そういう話ばかりを人々が聞き続けることには問題もあります。それは私たちが、日本の学校教育があらゆる点で徹底的にダメだと勘違いしてしまいかねないことです。そう思ってしまうと、教育改善のための建設的な議論ができなくなってしまいます。

建設的な議論をして、日本の学校教育の問題を実際的な形で解決（あるいは、軽減）していくためには、「日本の学校教育のこの部分は良いがこの部分に問題がある」というような現実的な理解が欠かせません。それを欠いたたま、「日本の学校教育はダメだ」と漠然と考えていても、教育の問題を解決していく手がかりを見つけることはできないからです。

さらに悪い場合には、日本の学校教育があらゆる点で徹底的にダメだと、政策決定に関わる方々も勘違いして、実現可能性のほとんどないような「改善策」に飛びついてしまうこともあり得ます。私たち著者の観察によると、この40年ほどの間に行われた「教育改革」の中には、そのような例が少なくありません。

こういう「改善策」はほとんどの場合、あまり良い結果をもたらしません。学校教育の現場を混乱させ、税金を浪費し、学校の先生を多忙にし、さらに保護者を不安にします。それだけでなく、その「改善策」を実施することで、本来解決しなければならなかった問題が放置されてしまうこともあり得ますし、今の学校教育にある良い点を損なってしまうことも考えられます。とても残念ですね。もともとその「改善策」は、日本の学校教育を良くしようという動機に基づいて考えられたはずなのに。

こうした現状を踏まえて、本書では、日本の学校教育のどこがどうダメなのか、またどこは大丈夫なのかを、データを使って明らかにし、日本の学校教育に対する現実的な理解を作っていきたいと思います。

「データ」と聞いて「難しそう」と身構えた方、大丈夫です。安心してください。難しいものではありません。本書には難しい統計解析などは出てきません。アマゾンや楽天などの通信販売サイトで買い物をするとき、商品を価格で並べ替えたり、レビューの評価で並べ替えたりしますね。本書でやるのもその程度のことです。その程度のことでも、実際にやってみると、ずいぶん物事が違って見えるようになるものです。

†他国との比較から日本を見る

さて、本書でデータを使うときに1つポイントがあります。本書では、日本のデータだけを見るのではなく、それを他国のものと比較します。ここが大事です。とても大事です。

もし、日本の学校教育のデータだけを見ていたら、やはりダメな点だけに目が行きがちだからです。日本の学校教育はもちろん完璧ではありません。例えば、日本の学校教育は、「すべての子どもがすべての学習内容を完璧に理解する」という理想を実現できていません。

でも、当たり前ですが、完璧な学校教育など世界のどこにも存在しません。「すべての子どもが、指定されたすべての学習内容を完璧に理解する」というのは、学校教育の理想ではありますが、その理想を実現している国などないのです。頭の中で描いた完璧な学校教育と比較したら、世界のどの国の学校教育もダメなのです。理想を持つのは大事なことですが、その理想との比較から現実を否定し続けても、学校教育を改善していくことは難しそうです。

ですので今必要なのは、日本の学校教育を、頭の中で描いた完璧なものと比較するよりも、世界のどこかに実際に存在するものと比較することです。この比較を通じて、私たちは日本の学校教育を相対的に理解し、現実的に改善していく方向性を見出せるはずです。理想の十全な実現を諦め、相対的に物事を考えるというのは、ずいぶん現実と妥協をしているように聴こえるかもしれませんが、長期的にはそれが日本の学校教育を良くしていく近道ではないかと、私たち著者は考えています。

幸いなことに、日本の学校教育を他国と比較することは、以前よりも容易になりました。

詳しくは本文で説明しますが、この数十年で学校教育の国際比較のための調査が数多く行われるようになったからです。

ピザ（PISA）という調査を知っていますか？　知らなくても大丈夫です。本文で説明しますから、とりあえずそういう調査があるのだと思って読んでください。このピザという調査は、世界各国の子どもたちの学力（数学、理科、読解）や学習習慣（勉強時間など）、さらにはいじめの有無に至るまで、学校教育の様々な面について調べています。しかも最近では、この調査に世界の80カ国近くが参加しています。

こうした調査で得られたデータを使わない手はありません。ただ残念なことに、ピザなどのデータを十分に利用して日本の学校教育を評価し、今後の教育政策のあり方を検討した事例は、今のところびっくりするほど少ないのです。ですので、私たちがその任を担おうとしているのです。

†完璧な住宅などない

ある意味で、私たち著者が本書でやろうとしていることは、引っ越しを考えている人に不動産情報を提供することに似ています。あなたが、ある賃貸住宅に10年住んでいると想像してみてください。あなたはきっと、10年も住んだ経験から、今の住宅に不満を持っています。「ちょっと家賃が高いなあ」とか、「もう少し部屋が広いとありがたい」とか、「水回りの設備が古い」とか。

この時あなたは、今の住宅を、「家賃が安くて、部屋が広く、しかも設備が新しい」という完璧な住宅と比較しているわけです。このこと自体は悪いことではありませんが、完璧な住宅を頭に描いて、それをもとに今の住宅を否定しているだけでは、現状を改善していく方策を見つけることができません。

そこで、普通は賃貸住宅情報の載っているウェブサイトなどを見ることになります。そうすると、今の家賃より安い物件は、部屋が今よりも狭かったり、設備が古いということがわかってきます。実際にある住宅を知ることによって、完璧な住宅など存在しないことがわかるわけです。

完璧な住宅などないということがわかれば、あなたはきっと今の住宅を、現実に存在する他の物件と、相対的な形で比較し始めるでしょう。具体的には、今の住宅と他の物件を、家賃、面積、築年数などの点から比較するわけです。こういう相対的・現実的な比較によって、今の部屋もさほど悪くないと思えば、今の部屋に住み続けるかもしれませんし、どうしても面積が広いことが重要だと思えば、家賃や築年数では多少妥協して、面積の広い部屋を新たに借りるかもしれません。とにかく、相対的な比較によって、現実的な方策を見出すというのが重要な点です。

私たち著者がこの本でしようとしていることも同じです。不動産情報のウェブサイトがそうであるように、本書が、読者のみなさんの日本の学校教育についての思考を、相対的・現実的なものにすることを期待しています。そして最終的には本書が、日本における学校教育についての議論や政策決定を少しだけ現実的なものにするのに貢献できたら、大変嬉しく思います。

†本書の対象

本書の対象範囲についての補足をします。対象とするのは、小学校から高校までの教育で、大学は検討の対象外とします。また、本書は特に最近20～30年の学校教育について検討し、それ以前の歴史的側面についてはほとんど扱いません。

この期間に注目するのは、第1に、国際比較のためのデータが最近のものしかないという実際的な事情によります。ただ、最近20～30年というのは、経済成長が概ね終了し、日本という国がこれから向かうべき方向を模索している期間でもあります。その期間に注目して、日本の学校教育の強みと弱みを検討することは、これからの日本社会のあるべき姿を描く基礎を準備するという意味合いもあります。

いささか前置きが長くなりました。これ以上のことは本文中でお話ししましょう。それでは、本文をどうぞ。

Ⅰ　日本教育の通説を疑う

第1章　学力は本当に低いのか？

通説1　知識がない

†学力を比較する目的

第1章では、日本の子どもたちの学力を国際的に比較していきます。それを通じて、まずみなさんに、日本の子どもたちがどの程度の学力を持っているのかを理解していただきたいと思います。

今、学力の国際比較をするのは難しくありません。ピザ（PISA）に代表されるような様々な調査があるからです。ピザとは、15歳時点の世界の子どもの学力を調査するテストのことです。正式名称は、Programme for International Student Assessment で、その頭文字をとって「ピザ」と呼ばれます。日本では「学習到達度調査」という訳を当てるのが通例になっています。

ピザの科目は、数学・理科・読解ですが、それ以外の科目も適宜加えられることがあります。ピザは、2000年から3年に1度行われていて、今は2018年のデータまでが得られています。毎回、参加国数が増えて、2018年には80ヵ国近くが参加しています。

このピザテストを実施している主体は、OECD（経済協力開発機構）と呼ばれる欧米諸国を中心とした先進国グループです。1961年の発足時は20ヵ国でしたが、だんだんと加入する国が増え、今は37ヵ国から成っています。日本は、1964年からメンバーなので、かなり早い段階で加入した国の1つです。本部のあるパリに官僚機構が存在し、その教育担当部署がピザを運営しています。

以下では、このピザテストや他のテストのデータを使って、各国の学力を比較していきます。ただその前に一つ考えてみてください。

私たちはなぜ、学校教育を評価するときに「学力」に注目するのでしょう?

これは、思ったほど当たり前のことでもありません。というのも、子どもが学校教育を通じて学ぶことは他にも色々とあるからです。例えば「決まった時間に決まった場所に行けるようになる」とか、「誰かが話をしているときには黙って聴く」とか、「他の子と一緒に楽しく過ごす」とか、そういうことです。こうした能力は、子どもが将来生きていく上で、もしかしたら学力よりもずっと重要かもしれません。

思うに、学力に注目する理由は少なくとも2つあります。1つは、学力がわりと測りやすいからです。例えば、算数の九九ができるかどうかは、試験で簡単に測れそうですね。実際、学校の先生は子どもに試験を与え、九九をどの子が理解していて、どの子が理解していないかを判断しています。同じようなことが、例えば「他の子と一緒に楽しく過ごす」という能力についてもできるでしょうか？　できるかもしれませんが、九九の場合より、きっとずっと難しいでしょう。

もう1つの理由は、国際比較がしやすいから、というものです。例えば、九九の答えは、国や文化によらず同じです。けれども、「他の子と一緒に楽しく過ごす」という能力は、国や文化によって考え方が異なります。ある国では、「他の子と一緒に楽しく過ごす」というのを、「それぞれの子どもが自分の好きなことをして、互いに干渉しないこと」と考えるかもしれませんが、別の国では、「すべての子どもが同じ活動を和気《わき》あいあいと行うこと」と考えるかもしれません。

こういう考え方の違いがあると、ある国において「他の子と一緒に楽しく過ごす能力が高い」と見なされた子が、別の国では「他の子と一緒に楽しく過ごす能力が低くて自分勝手だ」と見なされることもあるかもしれません。つまり、国際的に共通の基準を作ることが難しいのです。ピザなどのテストの計測対象が主に「学力」になっていることには、おそらくこういう事情もあるのでしょう。

本章では、このピザや、後述するティムズなどのデータを使って、学力の国際比較の話をしていきます。だからといって、「学力だけが大事なんだ」という話ではないことに留意してください。ピザなどの結果はメディアによって大々的に報じられますから、そういうメディア記事を読んでいる私たちもつい学力に目が行きがちです。けれども学力というのは、学校教育の成果のほんの一部分に過ぎないということを忘れずに読んでいってください。

†「20世紀型学力」を比較する

さて、それでは学力の国際比較に入りましょう。ここで使うデータはピザのものではありません。もう1つの大きな調査であるティムズ（TIMSS）のものです。ティムズの正式名称は「国際数学・理科教育動向調査」といいます。ピザと同じように、世界の子どもたちの学力を国際的に比較するための調査ですが、いくつか違いがあります。

一番大事な違いは、測る学力のタイプです。ティムズは「学校で習った内容をきちんと覚えていて使えるか」を測っています。一方で、ピザは「学校で習った基礎的な内容を、新しい目的に対して創造的に使えるか」を測っています。つまり、ティムズが、読者の多くが小中学校時代に求められた学力、いわば「20世紀型学力」を測っているのに対して、ピザは、今という変化の多い時代に必要とされる「21世紀型学力」を測っていると考えてよいと思います。

さて、ティムズの結果です。ティムズは4年に1度行われています。本書の内容に関する限りでは、どの年のデータを使っても特に変化がないので、以下では2015年のデータを使います。ティムズには算数（数学）と理科の2科目があって、小学4年生と中学2年生を対象としています。すべてのデータを見ていくのは大変ですし、結果に大きな違いもありませんから、以下では中学2年生の結果を見ていくことにしましょう。

結果は図で示しますが、その前に考えてみてください。中学2年生の調査に参加した国は39カ国です。日本は何位でしょう？　アメリカはどうですか？　本書では、しばしばアメリカと日本の対比をしますが、それは、日本がこれまでアメリカの教育政策を輸入・模倣してきたし、今もしているからです。ですが、アメリカの教育は本当にそんなに素晴らしいのでしょうか？

では、日本とアメリカの順位です。中学2年生の数学では、日本は5位、アメリカは11位でした。理科では、日本は2位、アメリカは11位でした。ランキング20位までを図

1－1に示しましたので、見てみてください。

なお、ティムズや後述のピザの参加国数・順位は、報告によって多少の変動があります。これは、実際に参加した国すべてを参加国とするのか、比較に十分な精度のデータが得られた国だけを参加国とするのか、などの基準が報告によって異なるためです。ただこうした細かな差は、本書の議論には影響しません。

ティムズのランキングでは、日本を含む東アジア諸国が上位を独占しています。つまり、少なくともティムズの測る学力については、日本を含む東アジア諸国は、欧米諸国よりも高い水準にあります。

もちろん、ティムズのランキングで上位だからといって、その国の学校教育が成功していると考えていいかは、それほど簡単ではありません。というのも、ティムズなどの成績は、学校教育だけによって決まるわけではなく、社会の他の様々な要素によっても左右されるからです。それは例えば、家庭教育のあり方だったり、塾産業の発達度合いだったり、経済的な格差の多寡だったりします。

ですので、ある国がティムズなどのテストで高い水準にあったからといって、その国の学校教育に何の問題もないということではありません。それでも、テストで良い結果をあげている国が、学校教育を含めた社会全体として「わりとうまくいっている」とは言って

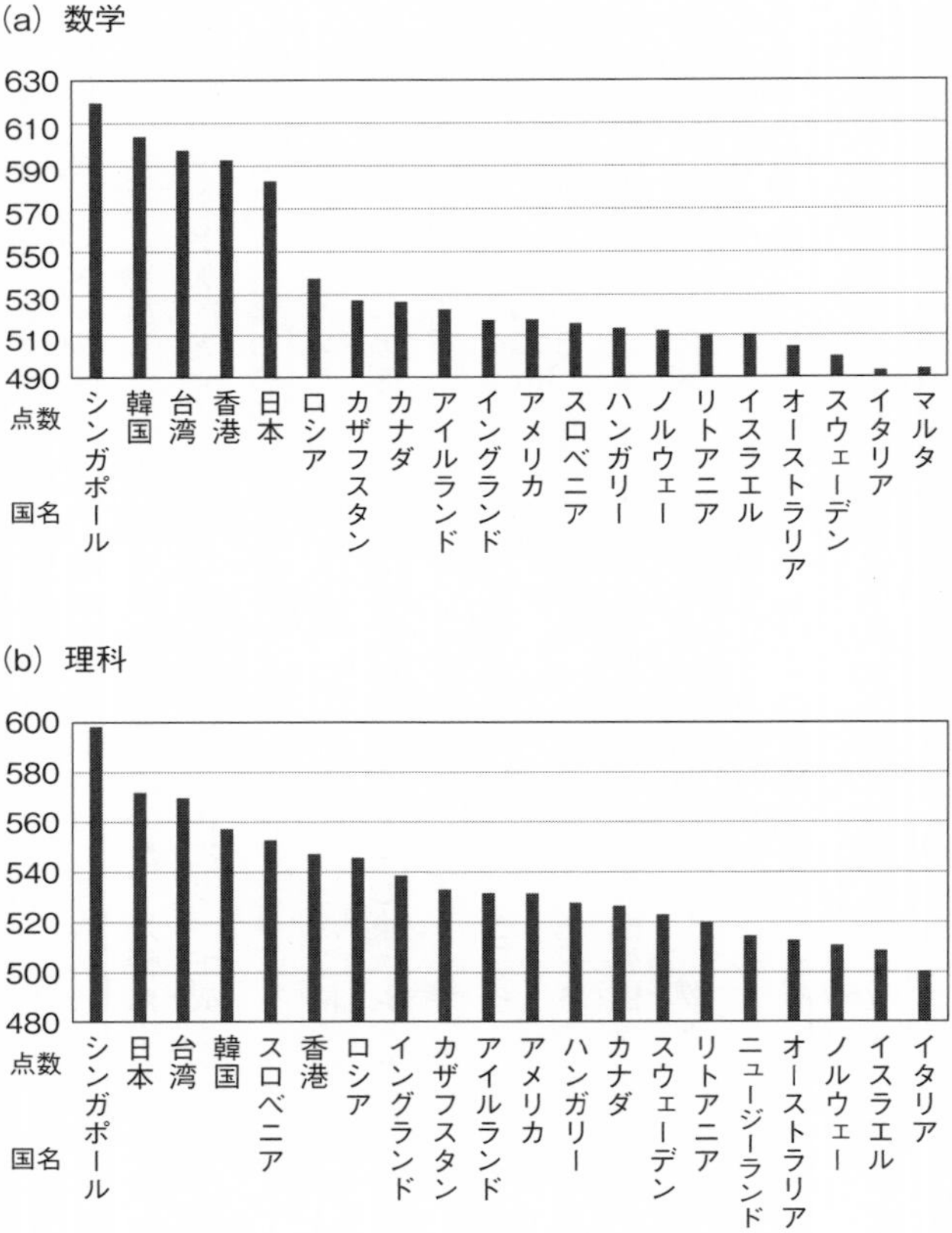

図 1-1：20 世紀型学力（上位 20 位まで）
出所：ティムズ 2015 年（本書で使用したティムズのデータは、すべてティムズのウェブサイトより）

よいと思います。

したがって、ティムズの結果によると、日本や東アジア諸国は、学校教育を含めた社会全体として、わりとうまくいっているという判断になります。それにもかかわらず、欧米諸国との比較から日本の学校教育がダメだと言われるのは、少なくともティムズの結果からすると少々不思議です。この点については、本書を通じてゆっくり考えていきましょう。

もう一度ランキングの話に戻ります。別の意見として、「日本は欧米諸国よりうまくいっているかもしれないけれど、それでもシンガポールに負けているからダメだ」というのもあるかもしれません。

†なぜシンガポールに勝てないのか?

たしかに、シンガポールの成績は日本よりもかなり良いです。けれどもシンガポールに日本が勝つのは、不可能でないにしてもかなり難しい話のように思います。というのも、国土面積も人口も違うからです。シンガポールの国土面積は約720平方キロメートルで、だいたい東京23区と同じくらいです。シンガポールの人口は約560万人で、東京23区(約970万人)よりも少ないです。

そこで考えてみてください。あなたが教育政策を作る官僚だったとして、「日本全国のテストの点数を上げてください」と言われるのと、「東京都23区のテストの点数を上げてください」と言われるのでは、どちらが難しそうに思いますか？　きっと日本全国のほうですね。

なぜ日本全国の点数を上げるほうが難しいのか？　理由の1つは地域的な差の大きさです。日本全国の地域差は、東京23区の中の地域差よりずっと大きいはずです。ですから、東京23区という大都会の子どもたちだけでなく、山間部に住む子どもたちにも適した教育政策を作ることのほうが、ずっと困難でしょう。東京23区の子どもたちに適した教育政策は、山間部の子どもたちには適していないかもしれないからです。

そして仮に、大都会の子どもたちにも山間部の子どもたちにも適した教育政策を作ることができたとしても、もう1つ困難があります。それは、日本全国でその政策を徹底することです。あなたが中学校の教育改革をしているとします。全国の国公立中学校はだいたい2万校あります。学校が開いている日はだいたい1年に200日くらいなので、1日に2校ずつ回ったとして、全国の国公立中学校を回って政策がきちんと実施されているかチェックしようと思ったら、50年もかかってしまいます。これは現実的でありませんね。「全中学校を回り終えるのが先か、寿命が尽きるのが先か」というような話になってしまいます。

一方で、東京23区なら中学校数は400ほどですから、1年で回ることができます。なお、シンガポールだったら中学校の数は東京23区の半分程度なので、全ての学校を回るのも難しくなさそうです。この話からわかるように、シンガポールのような規模の小さい国であれば、教育政策を徹底することが相対的に容易です。これと同じことが、香港やマカオについても言えます。

もちろん、シンガポールの学校教育がある点において成功していることは間違いないでしょう。そして、日本がシンガポールから学べることもたくさんあるでしょう。それを学ぶことには賛成です。ぜひ学ぶべきだと思います。ただ、一方で忘れてはいけないのは、国土面積や人口を考えれば、日本の学校教育もわりとうまくいっているということです。同様の意味で、国土面積や人口を考えると、少なくともティムズの測る学力から見れば、韓国やロシアもわりと学校教育に成功しているように思います。

通説2　創造力がない

†「新しい学力観」「ゆとり教育」「アクティブラーニング」

ここまで、ティムズの結果を見てきました。ティムズが測っているのは「学校で習った内容をきちんと覚えていて使えるか」という20世紀的な学力でした。ですから、ティムズで良い成績をあげているということは、日本の子どもたちは、学校で習った知識をきちんと身につけているということです。

では、日本の子どもたちは、身につけた知識を創造的に使うことができるでしょうか？「日本の教育は創造性を育んでいない」としばしば言われます。実際、この仮定のもとに、これまでの教育改革が行われてきたように思います。

この40年ほどの間に行われてきた教育改革のキーワードをいくつか挙げると、「新しい学力観」「ゆとり教育」「アクティブラーニング」などがあります。みなさんはこれらの言葉をどのくらい覚えているでしょうか？

「アクティブラーニング」は今の教育政策の中心ですから、多くの方が聞いたことがあるかと思います。もしかしたら、文部科学省が「アクティブラーニング」とほぼ同じ意味で使っている「主体的・対話的で深い学び」という言葉のほうがなじみがあるかもしれません。「アクティブラーニング」という言葉は様々な意味で使われていますが、その最大公約数的な特徴は、「子どもが先生の説明を受動的に聞くのではなく、子ども同士がグループワークなどを通じて主体的に学びを行う」という点です。

そうした細かい内容はともかく、「アクティブラーニング」という言葉自体は、多くの方が聞いたことがあると思います。一方で「新しい学力観」と「ゆとり教育」はどうでしょうか？　「ゆとり教育」は、30代以上の方々は覚えがあると思います。では「新しい学力観」は？　これは、教育について専門的に学んだ方々を除くと、覚えている方はあまりいないのではないかと思います。

実は、「新しい学力観」「ゆとり教育」「アクティブラーニング」の3つは一連なりのものです。

最初に出てきたのが「新しい学力観」です。この考え方は1990年代に学校現場に導入されました。導入の背景には、「旧来の学力観は基本的には知識を重視していたが、それでは21世紀の国際化・情報化などの新しい変化に対応できない」という認識がありました。そこで、21世紀を生きるのに必要な学力観として、考える力・創造性・応用力などを重視した「新しい学力観」が導入されたのです。

この「新しい学力観」は、2000年代に本格化する「ゆとり教育」の思想的な礎《いしずえ》となりました。「ゆとり教育」によって、学習内容と授業時間が削減されたことを覚えていらっしゃる方は多いと思いますが、ゆとり教育を単純に「学習内容と授業時間の削減」とだけ捉えるのはいささか狭い理解です。

「ゆとり教育」は、教育についての思想そのものを変えようとしたのです。まず、教育内容を厳選することで、知識重視の教育からの脱却を図り、それと同時に、子どもたちの考える力・創造性・応用力などを養うことを目指しました。そのための工夫の1つが、「総合的な学習」の導入でした。これは、子どもたちが自ら課題を見つけて、従来の科目にとらわれることなく、横断的・総合的に学習をするための時間でした。

しかしながら、2000年代に日本の学力が低下したという世論を受けて方向転換を迫られ、2010年代からは授業時間を再び増やし、現在の授業時間数は「ゆとり教育」以前の水準に戻りました。それでも「新しい学力観」という考え方は、ほぼそのまま残され、さらに、新たに「アクティブラーニング」が導入されました。

「アクティブラーニング」では、子どもたちはただ授業を聴くのではなく、何らかの活動をすることによって学びます。つまり、その背後にある思想はこうです。「子どもたちの学びは、ただ知識を獲得するところに意義があるわけではない。むしろ、知識を応用し、新たな創造をできるようになることこそが大事だ」。この思想は、「ゆとり教育」とほとんど変わりません。

以上のように見てくると、「新しい学力観」「ゆとり教育」「アクティブラーニング」はともに同じ思想を基にしていて、ある1つの前提に立っていることがわかります。それは「これまでの日本の学校教育は創造性を育んでいない」という前提です。そう信じているからこそ、「新しい学力観」が提案され、それをもとに「ゆとり教育」や「アクティブラーニング」が導入されたわけです。

†「創造性」を測るピザ

「日本の学校教育が創造性を育んでいない」という前提は、教育改革を担う文部科学省の官僚だけでなく、一般市民にも広く共有されているように感じます。というのも、著者の1人（ラプリー）は京都大学で講義を持っていますが、レポートに「日本の教育は創造性を育んでいない」と書いてくる学生が毎年たくさんいるからです。

これには少し驚きます。というのも、私はふだん講義で「日本の学校教育はけっこういい」という話をしているからです。学生たちは、決して私の話を聴いていないわけではなく、その話があまりに一般に言われていることと異なるので、受け入れがたいのだろうと想像しています。

では、日本の子どもたちは本当に創造的でないのでしょうか？　この問いに答えるのは、実に難しいです。というのも、そもそも「創造性」というものが何なのか、簡単には定義できないからです。仮に定義できたとしても、それをテストなどで測ることができるのか、という問題もあります。

ただ、創造性をなんとか定義して計測しようという試みも行われています。OECDの行っているピザがその1つです。ピザでは創造性を、「習得した知識を新しい場面において創造的に使う能力」と限定的に定義します。こういう風に限定的に定義された創造性なら、計測をして国ごとに比較することも、一応はできるようになります。

ピザは、知識の創造的利用を計測しようとしている点で、知識の習得を計測しているティムズと異なります。もう1点、ピザがティムズと異なるのは、数学・理科に加えて、読解力も対象としているところです。ただ、本書を読むうえで一番大事な点は、ピザの測っている創造性というのは、「新しい学力観」が重視するものとほぼ重なっていることです。

それでは、ピザのデータを使って、日本の子どもたちの創造性を見てみましょう。以下、2018年のピザの結果を見ていきますが、結果を見る前に予想してみてください。20

18年のピザには、79の国と地域が参加しました。日本は何位でしょうか？　アメリカはどうですか？　フィンランドはいかがでしょうか？

フィンランドは、2003年のピザにおいて、3科目中2科目で世界一だった国です。それ以来、日本を含む世界各国が、フィンランドに教育を学ぼうとしています。日本でも、フィンランドの教育を紹介する本が何冊も出版されています。

†実は創造性が高い東アジア諸国

では、ランキングを見てみましょう。図1-2に上位20位までを示してあります。日本は数学で6位でした。アメリカは20位以内には入れず37位、フィンランドは16位でした。理科は日本が5位、アメリカは18位、フィンランドは6位でした。読解は、日本が15位、アメリカが13位、フィンランドが7位でした。どうですか？　予想は当たりましたか？

数学と理科については、日本は健闘しています。日本とともに上位にいるシンガポール、香港、マカオなどが面積も人口も限られた都市であることを考えれば、日本の成績はまずもって申し分ないと感じます。全科目で1位の中国はすごいですね。ここでの「中国」は中国全土ではなく、北京、上海、江蘇《こうそ》省、浙江《せっこう》省を指しています。これらの地域は、歴史的に最も教育が盛んな場所であるとはいえ、総人口では日本の人口を上回っています。そ

(a) 数学

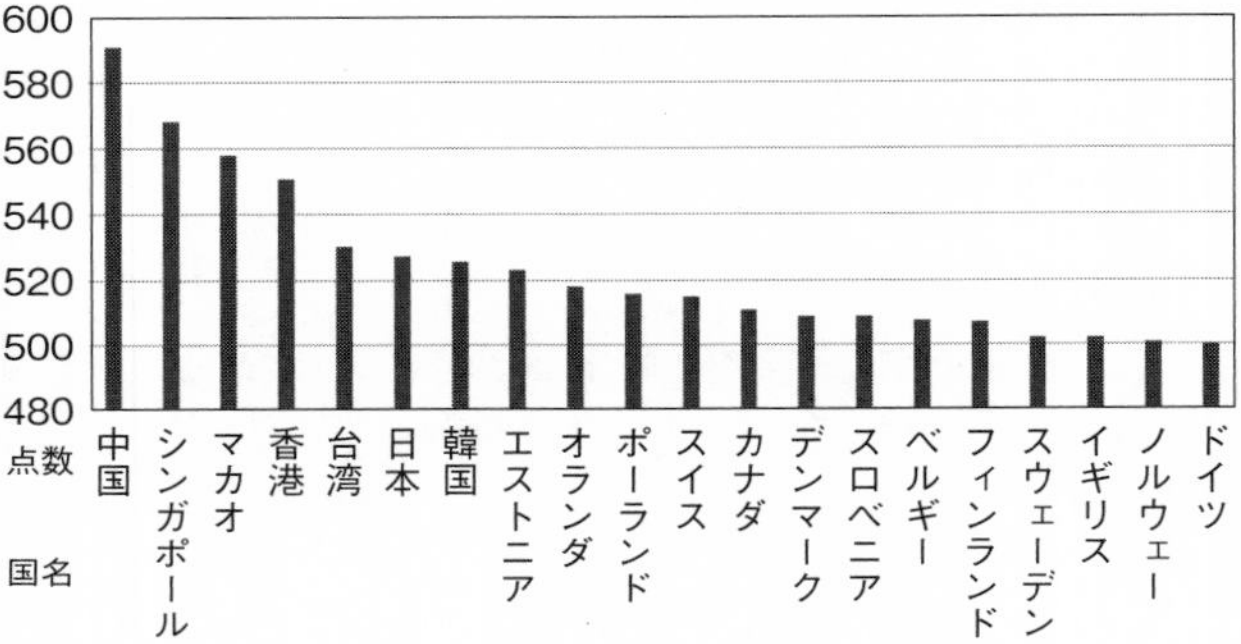

(b) 理科

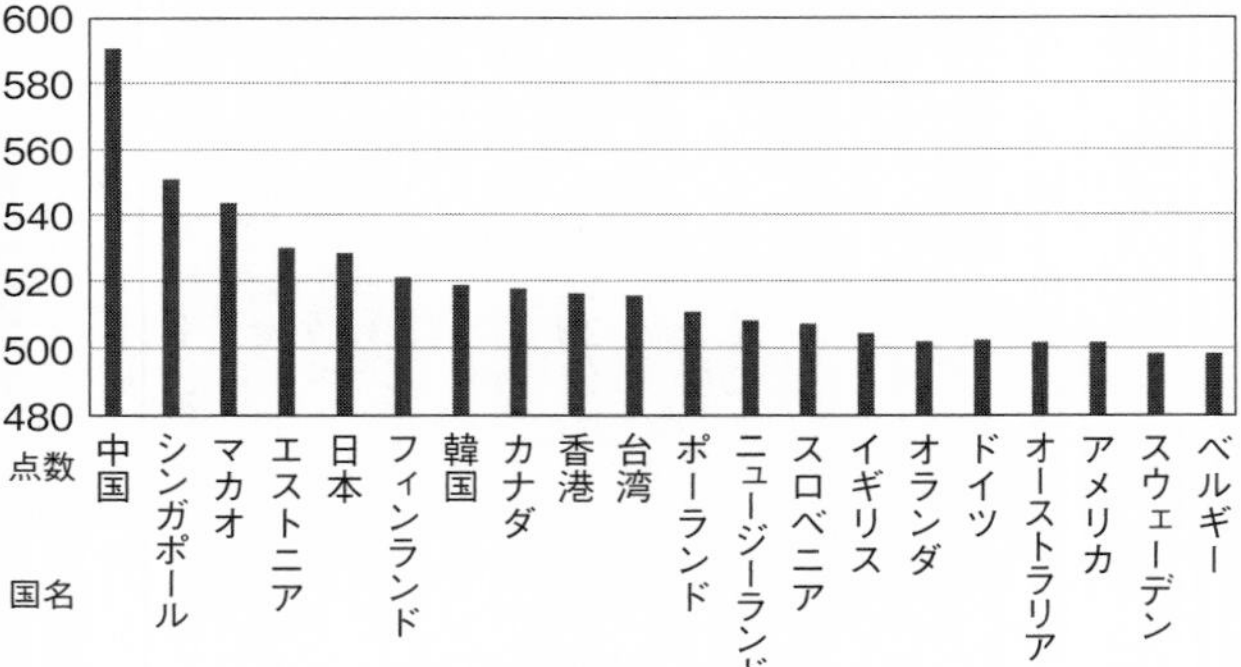

図 1-2：21 世紀型学力（上位 20 位）

出所：ピザ 2018 年。中国は北京、上海、江蘇省、浙江省

（c）読解

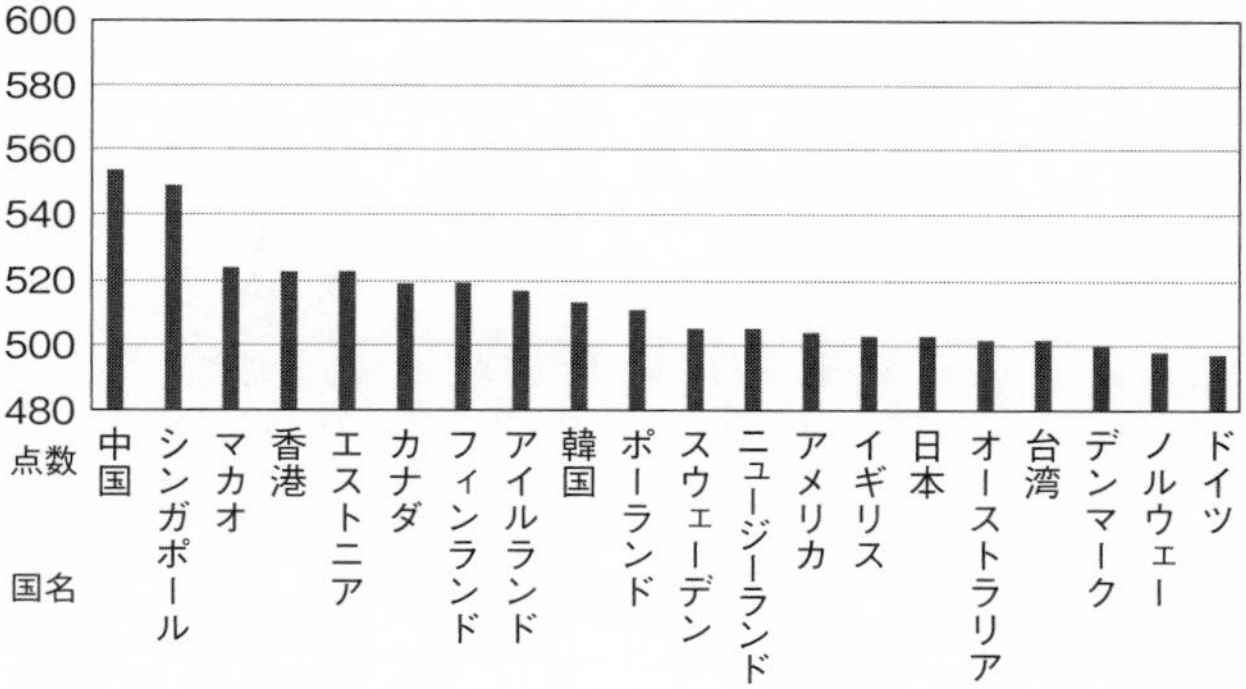

れでも1位になるというのは簡単なことではありません。

ピザのランキングをざっと見て気づくのは、上位のほとんどを東アジアの国が占めていることです。一般に、日本を含む東アジア諸国の教育は創造性を育んでいないと言われています。しかし実際には、東アジアの国々はティムズだけでなく、ピザでも良い成績を収めています。つまり、東アジア諸国は、子どもたちに基礎的な知識（ティムズによって計測される能力）だけではなく、その知識を創造的に使う能力（ピザによって計測される能力）を身につけさせることにも成功している、ということを意味します。

さらに言うと、ピザの数学・理科で上位に来ている国は、概ねティムズでも上位に来ています（図1-1）。ヨーロッパ諸国の中ではピザで良い成績をあげているフィンランドやエストニアがティムズのランキングに見当たりませんが、これは両国がティムズに参加していないからです。ピザ上位の国とティムズ上位の国が似ているということは、知識を創造的に使うためには、まず知識を習得しなければならない、ということを意味しているかもしれません。

日本の近年の教育改革は、「知識から創造性へ」という方向性を強調します。しかし、ピザとティムズのデータを比べてみると、知識習得がおろそかになると、知識も創造性もない子どもたちが生み出されるかもしれない、という危険があるようにも感じられます。そもそも知識と創造性を対立的なものとして捉える考え方が、現実に即していないかもしれないわけです。

知識と創造性の関係は非常に面白い話題なのですが、ここでは深入りせずに、読解の結果のほうも見てみましょう。読解について、日本の成績は15位とあまり良くありません。2018年より前は、もう少し成績が良いこともありましたが、一貫して数学・理科に及びません。ピザで測られる読解力が重要なものであると考えるなら、日本は、読解について改善の余地があるということになります。

なお、読解の成績が数学・理科ほどには良くないという傾向は、日本だけでなく、多くの東アジア諸国についても認められます。東アジア諸国のうち、香港を除くすべての国

（中国、シンガポール、マカオ、台湾、韓国）において、読解の点数が数学・理科を下回っていました。ピザの点数は、科目間で相互比較可能となるように調整されているので、東アジア諸国のほとんどは、読解の成績が数学や理科ほどには優れていないことになります。このことは単純に、東アジア諸国の子どもたちが、読解をいささか苦手にしているということを意味しているのでしょうか？　それとも、それ以上の何かを意味しているのでしょうか？　今はこれ以上議論しませんが、第1章の最後でもう少し検討してみたいと思います。

通説3　問題解決ができない

†解決策を導く力

ここまで見てきたように、日本はピザの数学・理科ではわりと健闘しています。読解には若干の課題があるかもしれませんが、数学・理科については、日本の子どもたちは、身につけた知識を創造的に使うことができるようです。

それでも、読者の中には、次のように思う方もいるかもしれません。「なるほど、日本の子どもたちは、身につけた知識を創造的に使って、応用的な数学・理科の問題を解けるかもしれない。けれども、より大事なのはその創造性を現実的な場面での問題解決に応用できるかどうかだ」

もっともな意見です。色々な考え方があるとは思いますが、数学や理科を一生使って生きていく人は、たしかに少数派でしょう。したがって、もっと現実的な場面で創造性を発揮できることのほうがより重要だという考えには、一考の価値があります。

驚くべきことに、現実的な場面での創造性もピザは計測し始めています。そんなことができるのかと思うかもしれませんが、2012年にピザは、「創造的問題解決」という科目のテストを実施しました。この科目では、数学や理科などの特定の知識ではなく、一般的な推論能力を測定しようとしています。

「一般的な推論能力」といっても、なかなか想像がつきませんね。実際にテスト問題を見てみると、少し感じがつかめると思います。「創造的問題解決」のテストでは、例えばこんな問題が出ます。

回答者は、コンピューターを使ってテストを受けるのですが、コンピューターの画面にはエアコンのコントローラーが表示されます。そして、取扱説明書がない中で、その使い方を理解することが求められます。具体的には、3つあるコントローラーのボタンを操作し、それに応じて変化する部屋の温度と湿度を見ます。温度と湿度の変化は画面に表示されます。その変化を見て、各ボタンが温度・湿度をどのように変えるものであるかを理解しなくてはなりません。

少し感じがつかめたでしょうか？　私たちとしては、こういう問題を「創造的」とか「問題解決」とか言われることに、少し違和感があります。取扱説明書のないコントローラーを使えるようになったからといって、「あなた実に創造的ですね。あなたの問題解決能力には恐れ入りました！」と褒められる場面というのは、ちょっと想像がつかないからです。

とはいえ、ＯＥＣＤがこの「創造的問題解決」のテストを導入した意図も、ある程度理解できます。ＯＥＣＤは、「明瞭な答えのない問題に対して、自ら行為することを通じて解決策を導く能力」が大事だと考えているわけです。だからこそ、上に挙げた問題では、エアコンの取扱説明書は存在せず、自分でボタンを操作した結果から答えを見つけ出していくように設定されているわけです。

この点で、「創造的問題解決」のテストは、従来のピザテストとは異なります。従来のピザテストは、数学、理科、読解を対象にしていて、いくら応用性が問われるとはいえ、答えがある程度存在するものでした。また、回答者が行為することを通じて何かを学ぶという側面は、まったく考慮されていませんでした。

これら2つの点において、「創造的問題解決」のテストは、従来のピザテストに新しい要素を加えたと考えられます。この新しい要素は教育上重要であると、世界では考えられているようです。というのも、この「創造的問題解決」のテストには44もの国が参加したからです。

では、この「創造的問題解決」のテストで、日本の子どもたちの成績はどうだったでしょうか？　図1‐3に結果を示しました。参加44カ国中、日本は3位でした。このテストの上位は概ね東アジアの国々で、そこにカナダやフィンランドなどが混じっています。この結果は、先ほどのピザの数学や理科のランキング（図1‐2）にとても似ています。

この「創造的問題解決」テストのランキングにはなかなか面白い面があります。東アジア諸国がピザなどのテストで良い点数を取るのは、受験のプレッシャーが大きくてたくさん勉強しているからだとか、塾に行っているからだとしばしば言われます。ですが、この「創造的問題解決」のテストで出る問題は、いわゆる受験勉強でやるような問題とは異なりますし、塾で学ぶような問題でもありません。それにもかかわらず、東アジア諸国が「創造的問題解決」のテストで良い成績をあげているという結果には、なかなか味わい深いものがあります。

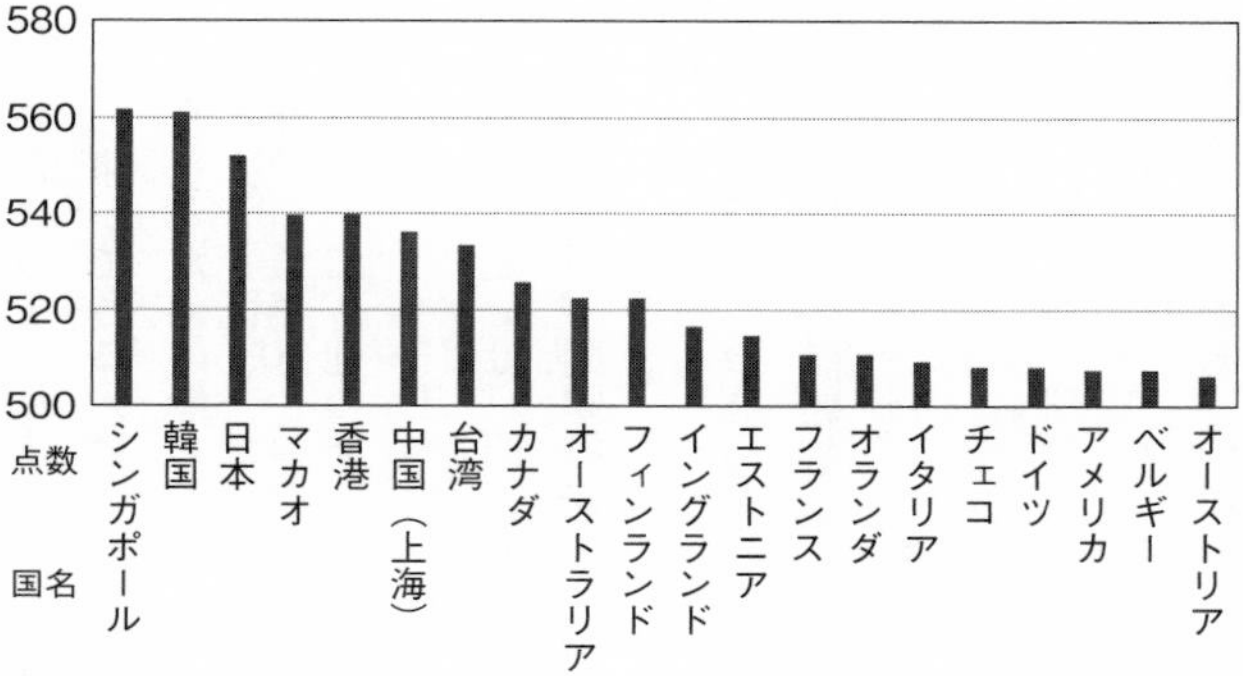

図 1-3：創造的問題解決（上位 20 位）
出所：ピザ 2012 年

†日本は協同的問題解決が得意？

2015年にOECDは、もう1つの「問題解決」のテストを行っています。こちらは「協同的問題解決」のテストと呼ばれます。OECDがこういうテストをする背景には、以前のピザテストが、個人の能力だけを計測するものだったということがあります。つまり、回答者が1人で発揮する能力のみを測っていたわけです。ですが現実社会ではほとんどの場合、同僚・友人・家族と共同で問題解決を行います。

例えば、会社で何かプロジェクトに取り組んでいるとしたら、いくら個人としての能力は高くても、他のメンバーとうまくコミュニケーションがとれない人はあまり役立ちませ

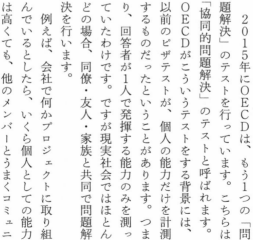

ん。それよりも、個人としての能力は飛び抜けて高くなくても、他のメンバーと一緒にうまく仕事ができる人のほうがありがたいのです。ですから、OECDは、協同的に問題解決に当たるための能力を測ろうとしたわけです。

「協同的問題解決」のテストの中では、回答者自身の他に複数のメンバーが存在する設定になっていて、他のメンバーの役割はコンピューターが担当します。回答者は他のメンバーたちとチャット上で会話しながら、チームで問題解決に取り組みます。

能力の判定では、回答者がチームの強みを生かせるかどうか、という点が重要視されます。ですから、問題解決に際してやみくもに個人で取り組むのではなく、他のメンバーとともに方針を決めて、メンバー間でやるべきことをうまく配分すると、その回答者は「協同的問題解決」の能力が高いと判定されます。

この「協同的問題解決」のテストで、日本は2位でした（図1-4）。非常に良い成績です。このテストは、これまでに1回しか行われていないので定かではないですが、もしかしたら、日本は「協同的問題解決」のテストは得意かもしれません。というのも、日本の学校教育には、班活動など様々な共同作業があるからです。班活動など古臭いと思われる方もいらっしゃるかもしれませんが、実はそういう古臭い活動が、21世紀を生きるうえで重要な能力を養うのに役立っているとしたら、なかなか面白いことです。

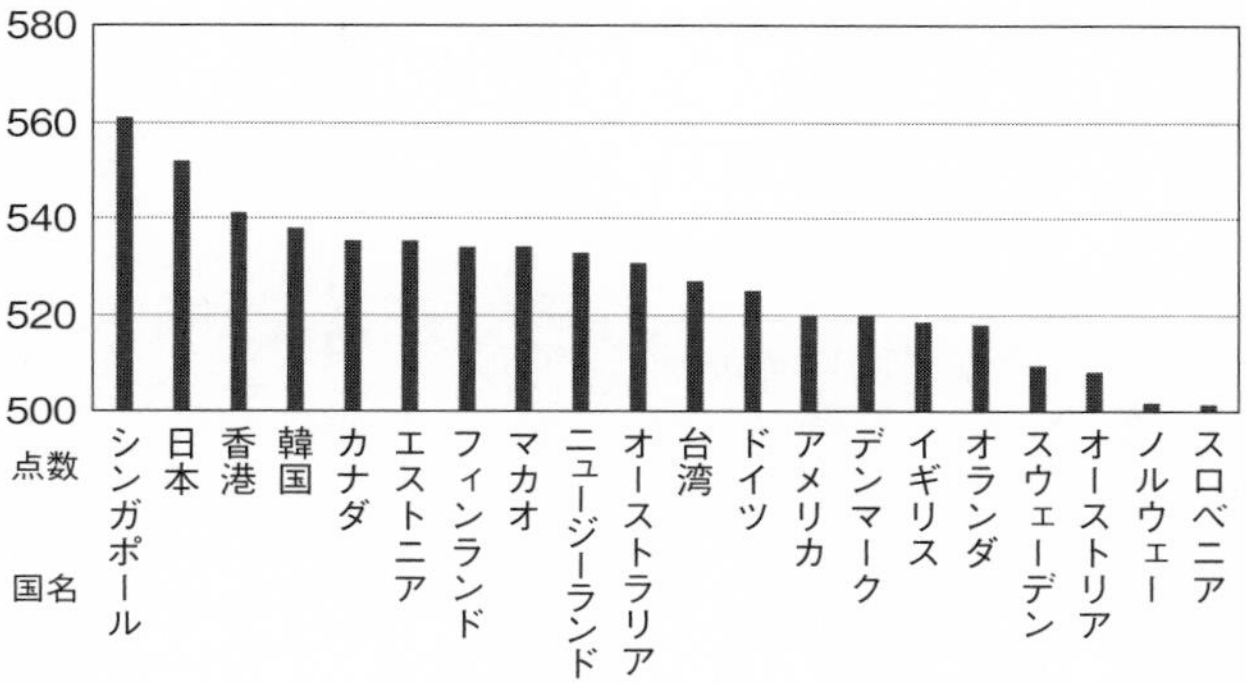

図 1-4：協同的問題解決（上位 20 位）
出所：ピザ 2015 年

以上、ピザの様々なテスト結果を見てきましたが、全体に見れば、日本はかなり良い成績をあげています。日本の教育は創造性を育まないと言われて久しいですが、以上の結果からすると、日本の子どもたちは、少なくともＯＥＣＤの定義による創造性は高いと言わざるを得ません。そして、その創造性の高さは受験勉強や塾産業の発達だけで説明できるようなものでもなさそうです。前述の「創造的問題解決」や「協同的問題解決」のテスト問題は、決して入学試験で出たり、塾で習うようなものでもありません。むしろ、これらのテスト問題は、入学試験などの狭い範囲で必要な能力ではなく、持っている知識を生きていくために応用する能力を測っています。

もちろん、創造性は色々な形で定義できる

ので、ピザのテストで良い成績だったから日本の子どもたちに何の問題もない、ということにはなりません。ですが同時に、日本の学校教育は全然ダメだということにもならない、というのも事実ではないかと考えます。

通説4　学力格差が大きい

†基本事項はわかっている

ここまで見てきたのは、ティムズやピザの国ごとの平均点でした。でも、平均点だけでなく、国の中でのばらつきを見ることも大事です。いくら国の平均点が高くても、一部の子どもだけが良い成績をあげて、他の子が基本的な事柄さえも理解できていないという状態は、社会としておそらく好ましくないでしょう。

ピザは、基本的な事項を理解している子どもの割合も算出しています。子どもたちの学力を7つのレベルに分け、上位5レベルに入っている子どもを「基本的な事項を理解している」と定義します。この定義は、国連の「持続的な開発目標（ＳＤＧｓ）」にも使われています。

2018年のピザにおいて、基本的な事項を理解している子どもの割合ランキングは、図1-5のようになっています。ここでは、数学の結果のみ示しましたが、どの科目であっても基本的な傾向は同じです。

まず、基本的な事項を理解している子どもの割合ランキングで、日本の順位は6位です（図1-5(a)）。平均点ランキングの順位と同じです（図1-5(b)）。日本は、平均点が高いだけでなく、基本的な事項を理解している子どもの割合も高いということです。全体的にこれら2つのランキングは似ていて、平均点が高い国は概ね、基本的な事項を理解している子どもの割合も高いことを意味しています。

ただ当然ながら、両ランキングは完全に同じではありません。フィンランドやエストニアは、平均点よりも、基本的な事項を理解している子どもの割合で高い水準にあります。ですから、日本は平等な教育をもっと推進し、基本的な事項を理解している子どもの割合をさらに高める余地があるかもしれません。その際に、フィンランドやエストニアから学ぶことは色々とあると思います。

少し余談になりますが、フィンランドとエストニアは、ともに平等性の高い教育制度を持っているようですが、その歴史的・社会的背景は大きく異なります。フィンランドを含む北欧諸国は、資本主義による経済成長を求めつつも、得られた富を公平に配分すること

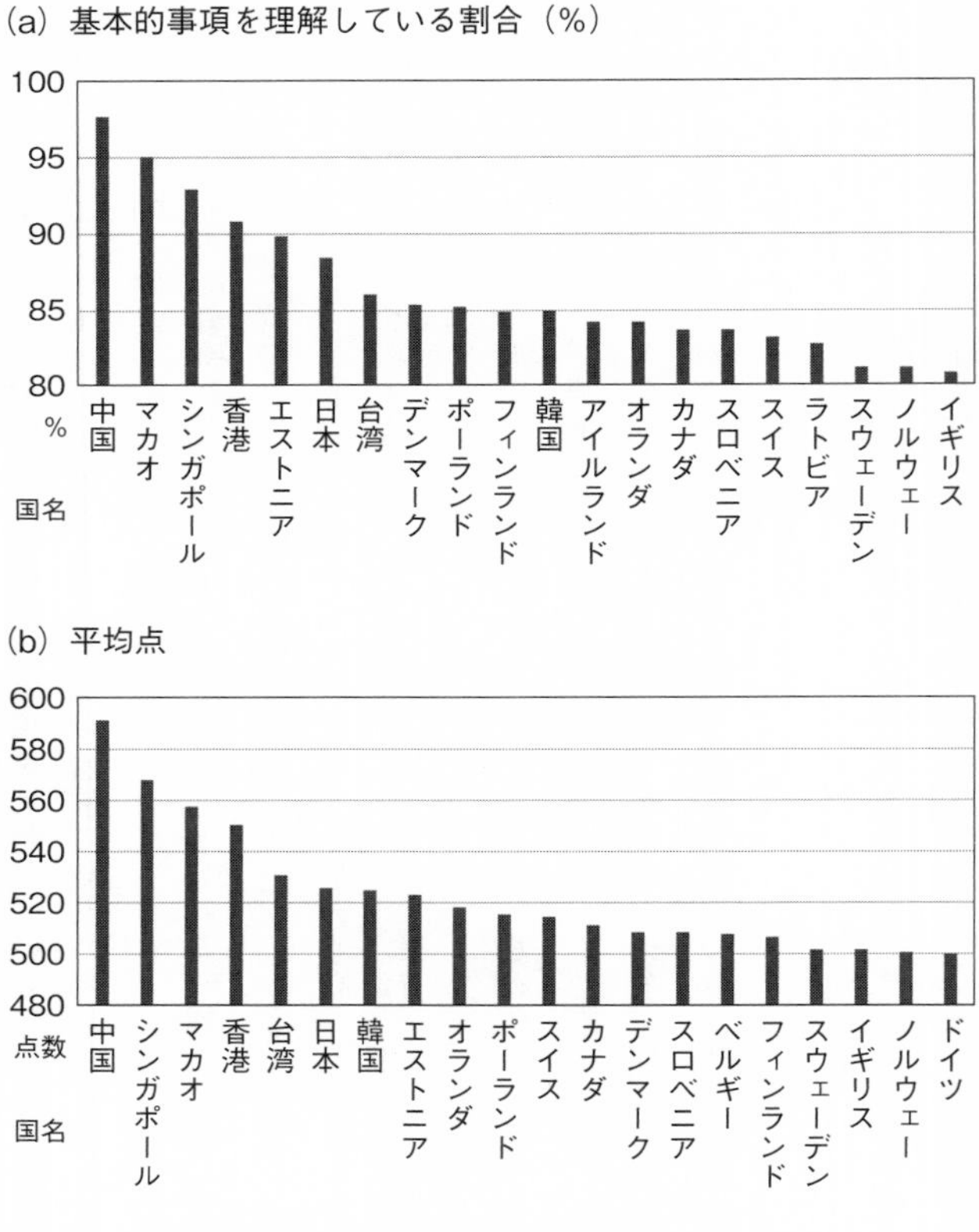

図 1-5：(a) 数学の基本的な事項を理解している子どもの割合、(b) 数学の平均点（上位 20 位）

出所：ピザ 2018 年（中国は北京、上海、江蘇省、浙江省）

によって平等性を確保しようとする、いわゆる「社会民主主義国家」です。

一方、エストニアは旧ソビエト圏で、過去に社会主義を採用していた伝統がありますから、社会主義の考え方が平等性の確保に役立っているのでしょう。フィンランドとエストニアがともに教育の平等性が高いという事実は、教育の平等を達成する方法が1つだけではなく、いくつかあることを示唆しています。こういうことを知ることができるのも、データの国際比較の面白さです。

†社会階層と学力

いささか脱線しました。話をもとに戻しましょう。日本は、「基本的な事項を理解している子どもの割合」という観点からは非常に高い水準にあるということを、私たちは知ったところでした。でも、それだけで学力格差や公平性の議論が十分かといえば、そうではありません。

もし、基本的な事項を理解している子どもの割合が高いにしても、成績の良い子どもたちがみな、社会的に恵まれた家庭の子どもたちであったらどうでしょうか？　そういう社会に私たちは住みたいでしょうか？　住みたい人もいるかもしれませんが、そう考える人はやはり少数でしょう。

多くの人は、成績が良いのがみな、社会的に恵まれた家庭の子どもたちであるような社会を、不公平な社会と考えるでしょう。そして家庭環境によらず、子どもたちは自らの能力や努力によって、良い成績をあげられるほうがよいと考えると思います。つまり、学校は社会的な不平等を維持・拡大するような機関であってはならないと、多くの人が考えているのです。

ピザの実施主体であるOECDもこのような考え方をとっており、そのためピザは、子どもたちの成績だけでなく、家庭環境についても調べています。具体的には、両親の職業・学歴、家庭に何があるか（例えば、子ども専用の机があるか、パソコンがあるか、どのような本があるか）を調べて、それによって社会階層を表す指標を作成しています。

この社会階層指標の値が高い子どもたちばかりが良い成績をあげているなら、その社会は、家庭環境が子どもたちの成績に強く影響する不公平な社会ということになります。一方で、社会階層指標が成績とあまり関係ないなら、その社会は、家庭環境によらず、子どもたちが自らの能力や努力によって良い成績をあげられる公平な社会ということになります。

†「ほどほどに不公平」な日本

では、日本はどうなのでしょうか？　図1‐6に、社会階層の成績への影響の大きさ

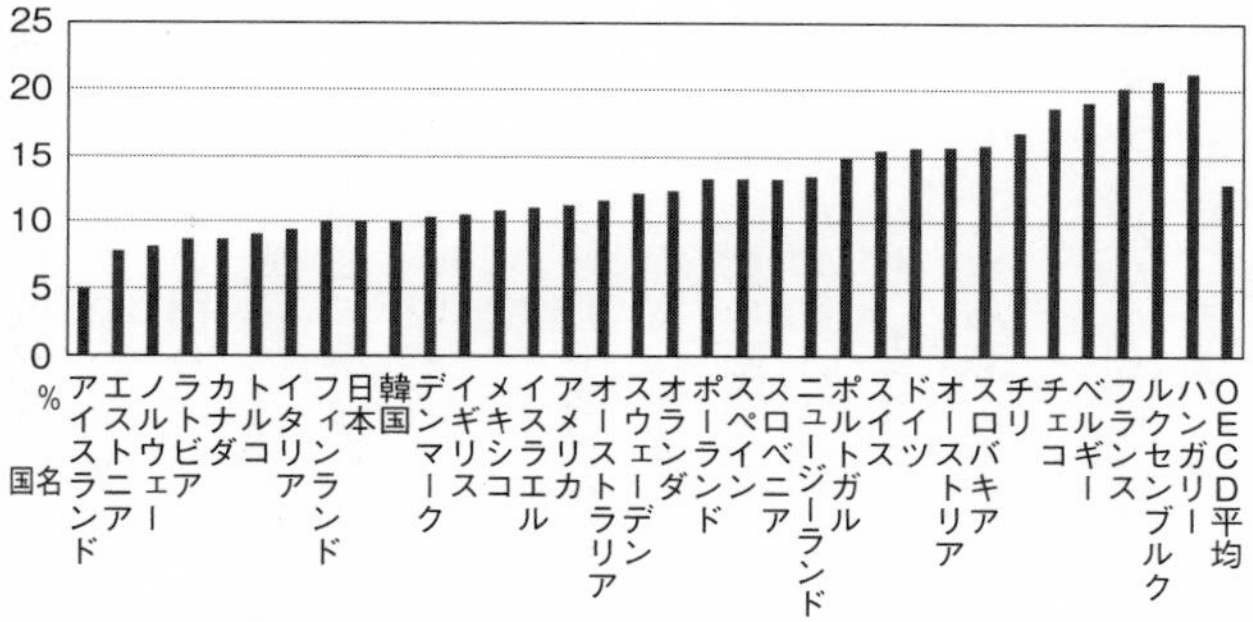

図 1-6：社会階層の成績への影響（理科）

出所：ピザ 2015 年、OECD 諸国のデータのみ

（子どもたちの成績がどのくらい社会階層指標によって説明されるか）を国ごとに示しました。影響が小さい国、つまり、公平な国から順にＯＥＣＤ諸国を並べています。

まず、日本のデータを見る前に１つ指摘しておかなければなりませんが、社会階層は子どもたちの成績に少なからず影響を与えており、どの国でも社会階層の成績への影響はゼロより大きい値になっています。日本はもちろん、１位のアイスランドでさえ、子どもたちの成績の４・９％は社会階層で説明されます。完全に公平な国などないということです。

日本は社会階層の成績への影響が10・1％でした。アイスランドよりかなり大きな値になっていますが、それでもＯＥＣＤ諸国の中で特別大きな値というわけでもありません。ＯＥＣＤ諸国の平均は日本より少し高く12・1％ですから、日本は平均よりも少しましという程度です。

学力格差についてまとめると、以下のようになります。まず、基本的な事項を理解している子どもの割合では、日本は高い水準にあります。これはとても喜ばしいことです。その一方で、成績には社会階層の影響が認められ、その程度からすると、日本はＯＥＣＤの中で普通程度に不公平な国だということになります。日本よりも、社会階層の成績に対する影響が低い国がありますから、そういう国から日本が学ぶべきことは色々とありそうです。

面白いのは、平等な教育で評判の高いフィンランドでも、社会階層の成績に対する影響は日本と同程度に大きいことです。むしろアイスランドやエストニアのほうが、成績に対する社会階層の影響が低いようです。日本で「平等な教育」といえばフィンランドを思い浮かべる方が多いのですが、アイスランドやエストニアも平等性という点ではとても優れているのです。このように、データを見ることは、日本だけでなく他国についての印象も補正してくれる点で有用です。

通説5　大人の学力が低い

†日本の大学生は勉強しない？

以上、データをずっと見てきて、いかがでしたでしょうか？　日本の学校教育は、他国との比較という観点からは、まずまずうまくいっているのではないでしょうか？

それでも、次のように思う方がいるかもしれません。「日本の子どもたちは大学受験があるから勉強をよくするかもしれないけれども、ひとたび大学に入ってしまえば勉強をしない。だから結局のところ、大人になったときの能力は世界と比較して大したことない」と。つまり、日本の学校教育は小学校から高校までだけを取り出してみると、うまくいっているように見えるかもしれないけれども、大学、社会人までを含めて見ると、必ずしもうまくいっていないという反論です。

日本の大学生は他国の大学生よりも勉強しない。これはたぶん本当です。複数のデータで、日本の大学生が勉強していないという結果が出ています。一例として、東京大学の大学経営政策研究センターが行った日本とアメリカの大学生の調査結果を見てみましょう。

この調査では、大学の授業のために1週間当たりどれだけ勉強するかを大学1年生に訊ね、大学生は「0時間」「1～5時間」「6～10時間」「11時間以上」の選択肢から答えを選びます。

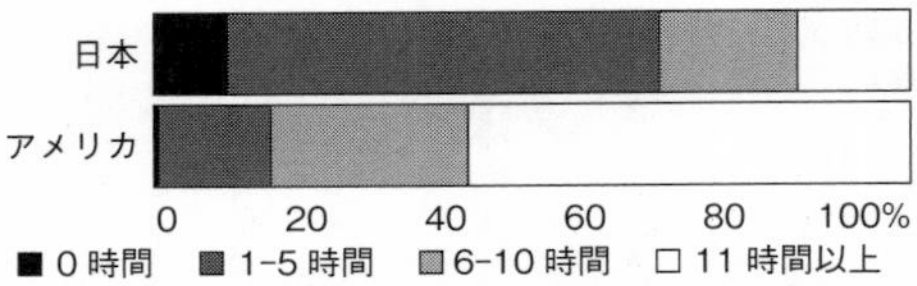

図 1–7：大学 1 年生の授業に関わる勉強時間（1 週間当たり）
出所：「文部科学省大学分科会資料」（東京大学大学経営政策研究センターによる調査結果より）

その結果を図1－7に示しました。「0時間」と答えた大学1年生の割合は、日本で10％、アメリカで0・3％でした。授業以外でまったく勉強しない大学1年生は、日本では10人に1人いますが、アメリカでは300人に1人です。また、1週間に5時間以下しか勉強しない割合は、日本で67％でしたが、アメリカでは16％でした。つまり、1週間に5時間以下しか勉強しない大学1年生は、日本では3人に2人と多数派であるのに対し、アメリカでは6人に1人と少数派です。

この調査には日本とアメリカの結果しかありませんが、少し古い1990年代の調査でよければ、日本をアメリカだけではなくヨーロッパ諸国と比べた日本労働研究機構によるものがあります。それによると、日本の大学生はアメリカだけでなく、ヨーロッパ諸国と比べても勉強していないようです。著者の1人（小松）は、1990年代に日本で大学生をしておりましたが、やはりこの傾向に合致した生活をしていました。

†大人になっても高い学力

さて、日本の大学生が勉強していないことを確認したうえで、私たちが考えていた問いに戻りましょう。日本の子どもたちは国際的に見て能力が高いのですが、その能力は大人になっても高いのでしょうか？

この問いに答えられるデータが世の中には存在します。OECDは、15歳の子どもを対象としたピザの他に、大人を対象とした調査も行っています。この調査は、ピアック（PIAAC）と呼ばれています。ピアックは2011年から2016年にかけて行われました。2000年のピザに参加していた子どもたちは、ピアックが実施される頃には26歳から31歳になっています。そうすると、ピザとピアックの成績を比較することで、2000年にピザに参加した15歳が、大人になってどうなったのかを調べることができます。

OECD諸国のうちから、2000年のピザ、ピアックの両方に参加した国を選び、ランキングを作ってみたのが図1－8です。日本はピザで1位（図1－8(a)）、ピアックで2位です（図1－8(b)）。つまり、2000年のピザに参加した日本の子どもたちは、15歳時点で世界トップレベルだっただけでなく、20代後半から30代前半になったときにも、依然として世界トップレベルを保っていた、ということになります。

これは当たり前のことではありません。実際、ピザでトップレベルだった韓国とニュージーランドは、ピアックではそれぞれ10位と12位となっていて、他国に追い越されています。つまり、韓国とニュージーランドの子どもたちは、15歳時点では国際的に見て高い能力水準にあったのに、大人になったときにはそうではなくなっていたということです。韓国やニュージーランドを追い越していったのは、主にフィンランド、ベルギー、チェコ、スウェーデンなどのヨーロッパ諸国です。

日本はたしかにヨーロッパ諸国のように、15歳以降に能力の伸びがさほどあるわけではありません。とはいえ、大人になっても多くのヨーロッパ諸国を凌駕《りょうが》し、世界トップレベルの能力を保っているというのは無意味なこととも思えません。なので、「日本の子どもたちは大学以降勉強をしないから、大人になったら大したことない」というのは明らかに言い過ぎのようです。

日本は、子どもの時の能力も大人になってからの能力も、ともに素晴らしいのです。ただ、大人になってからの能力の伸びは、ヨーロッパのようには顕著ではありませんから、ヨーロッパから学べることはあるかもしれない、というのはそのとおりだと思います。

†「素晴らしい」日本の大学生

さらに一言付け加えるなら、日本の大学生が勉強しないことは本当に問題なのでしょうか？　大学生は勉強しなくていいと言っているわけではありません。私たち著者も大学の

(a) ピザ数学

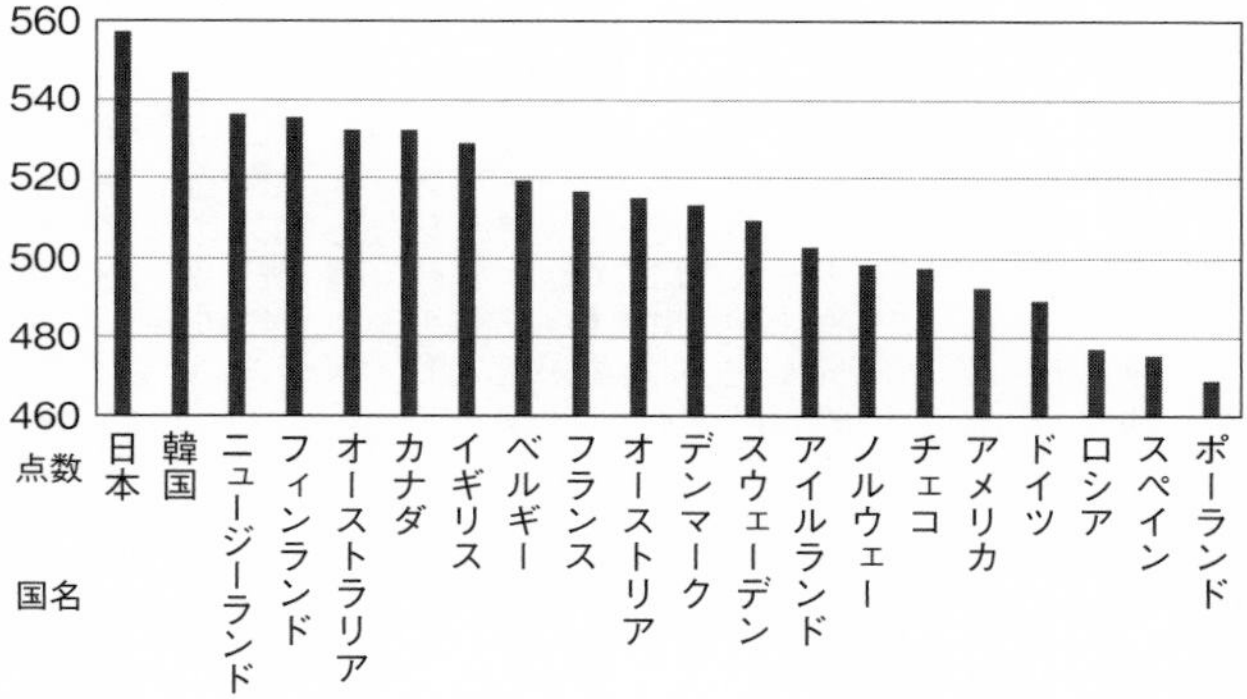

(b) ピアック数理的能力

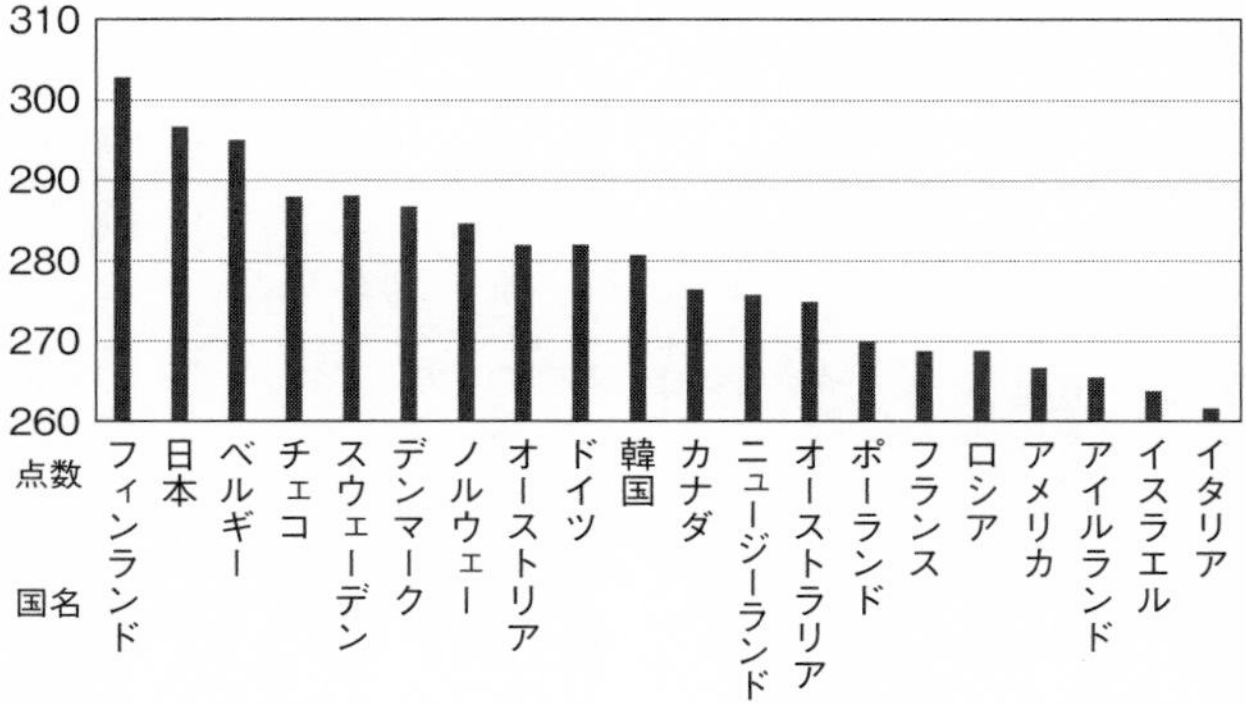

図 1-8：(a) ピザ数学 (15 歳)、(b) ピアック数理的能力 (25 歳〜34 歳)
出所：(a) ピザ 2000 年、(b) ピアック 2011〜2016 年（本書で使用するピアックのデータは、すべてピアックのウェブサイトより）

先生ですから、大学生には勉強をしてほしいと常々思っています。ですが、大学生が勉強をするのが素晴らしいことだ、という考えは別に普遍的なものでもありません。考え方次第で、大学生が勉強するのは素晴らしい場合もあるでしょうし、特にそうでもない場合もあるように感じます。

どういうことか？ 日本の大学生はあまり勉強しないけれど、大人になったときの能力は世界トップレベルです。より詳しく見るために、ピアックのウェブサイトを使って大学卒業者だけのスコアを調べてみたところ、日本の大学卒業者のスコアはフィンランドを凌いで世界トップでした。こうしたデータを見てしまうと、日本の大学生があまり勉強しないことが、単純に批判すべきことなのかわからなくなってきます。

逆に、日本の大学生は素晴らしいと言うことも、理屈の上ではできるようにも思います。日本の大学生は、勉強だけをするのではなく、勉強以外の様々な体験を積む余裕があるからです。例えば、アルバイトを通じて社会の一側面を見ることができるかもしれません。また、部活やサークル活動というのは、大人たちがやっている仕事上のプロジェクトと似た面がたくさんあります。ですから、彼らは部活やサークル活動を通じて、学んだ知識を現実に生かしていく経験を積んでいるのかもしれません。

重ねて申し上げますが、日本の大学生が勉強しなくてもいいと言っているわけではありません。私たちが言いたいのは、データを見ることで、今までと異なった観点や考え方を発見することができる、ということです。

通説6　昔に比べて学力が低下している

†低下傾向はない

ここまでで、日本の子どもたちが（そして大人も）高い学力を持っていることを理解していただけたかと思います。それでも、日本の高い学力がだんだんと低下してきているのではないか、という不安をお持ちの方もいるでしょう。実際、「ゆとり教育」は学力低下を理由に撤回されてしまいました。このように、学力の経時的変化は教育政策に大きな影響を与えるので重要です。ですので、学力の経時的変化を、第1章の締めくくりに検討してみようと思います。

経時的変化を見るためにピザのデータを使います。ピザの科目は基本的に、数学、理科、読解の3科目ですので、全体的傾向を見るために、3科目の平均点の経年的変化を見てみましょう。

最初に気づくのは、日本の成績が一貫して下がっているとか、一貫して上がっているという傾向がないことです（図1-9(a)）。日本の成績はこの18年間で上がったり下がったりしており、一貫して低下しているというような傾向は認められません。科目ごとに見ても、一貫した低下傾向はなく（図1-9(b)）、気になる点と言えば、2006年以降の数学の成績がそれ以前に及ばないことです。それでも、2006年以降低下傾向が見られるわけではなく、成績は安定してはいます。

とりあえず、日本の成績が一貫して低下しているわけではない、というのは素晴らしいことです。というのも、世界には成績が一貫して低下している国もあるからです。例えば、教育で有名なフィンランドがその代表例です。フィンランドは2003年のピザにおいて、3科目中2科目で世界一になったことは先に触れました。

フィンランドのピザ3科目の平均点の変化を、図1-10に示しました。フィンランドは、2006年のピザで3科目平均553点という非常に高い点数を記録しましたが、その後点数は下がり続けています。そして、2018年には3科目平均の点数が516点になってしまいました。

こういう国はフィンランドだけではありません。他にオーストラリアなども、ピザが始まった2000年頃には欧米諸国の中でかなり高い位置にあったのが、今では普通の国になってしまいました。こうした事例と比べると、日本が比較的高い成績を安定して取り続けているのは、「大したこと」であると私たち著者は感じています。

†学力低下とゆとり教育の撤回

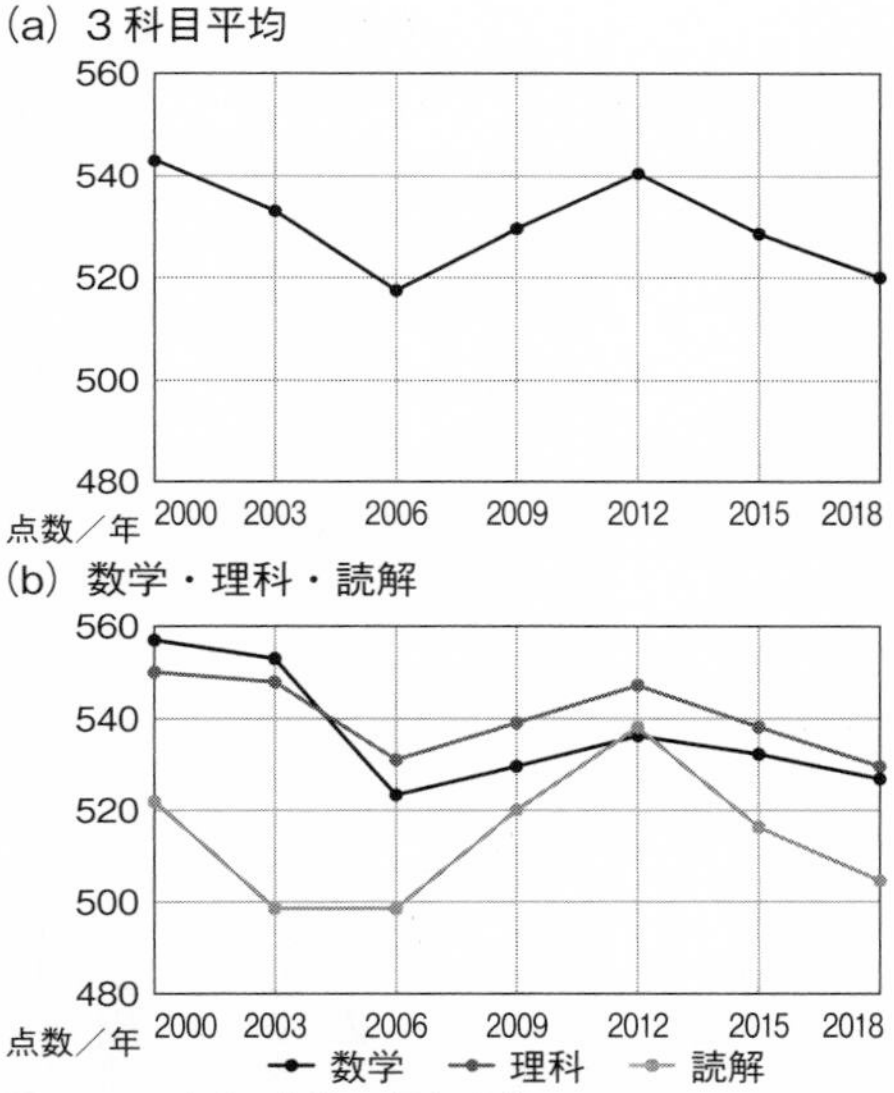

図 1-9：ピザの点数の経年変化
出所：ピザ 2000 年～2018 年

それでは日本の学力が比較的安定していることと、ゆとり教育はどういう関係にあったのでしょうか？　ゆとり教育は、学力低下が原因で撤回されたことになっています。そのあたりをもう少し見ていくことにします。

まず、ゆとり教育について思い出しましょう。ゆとり教育に関する議論が活発になるのは１９８０年代からです。

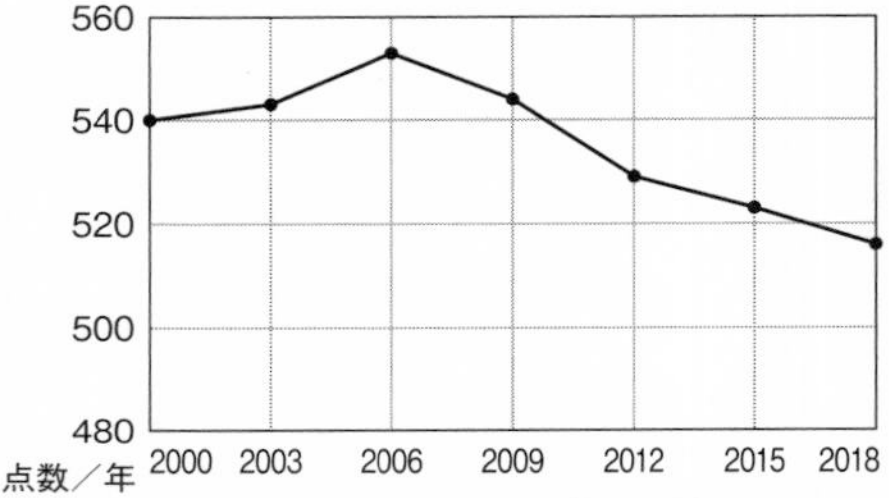

図 1-10：フィンランドのピザ３科目平均
出所：ピザ 2000 年～2018 年

第2次中曽根内閣が臨時教育審議会というものを設置し、そこで従来の日本の学校教育への反省が行われます。その中で、日本のかつての学校教育が個性を重視してこなかった点が問題視され、これからの日本の子どもたちがつけるべき学力が再定義されました。知識から創造性へと重点を移した「新しい学力観」の登場です。この新しい学力観に沿った形で、その後、教育制度が改定されていきます。

その目玉の1つとしてゆとり教育は小中学校では2002年から、高校では2003年から実施されました。小中学校では授業内容の3割が削減され、削減分は高校に移行され、同時に、授業時間数も削減されました。

しかし、2003年、2006年のピザテストの結果により学力低下が問題視されるようになりました。これを受けて第1次安倍晋三内閣が2006年に設置した教育再生会議で脱ゆとり教育が議論され、2011年以降、脱ゆとり教育が実施されました（小学校は2011年から、中学校は2012年から、高校は2013年から）。

†ゆとり教育撤回には根拠がない

さて、このゆとり教育とピザの関係を、図1-11を使って見てみましょう。図1-11(a)は、日本のピザ3科目の平均点を示しています。確かに2000年から2006年にかけて点数が低下しています。この点数低下をゆとり教育と結びつけたくなるのもわからないでもありません。ですが、この議論をするときに、ピザに参加しているのが15歳の子どもたちであることを勘案しなければなりません。15歳の子どもたちの学力は、小中学校の9年間の学習によって培われたものです。したがって、ピザのテストを受けた時点でどのような教育を受けているのかだけでなく、それまでにどのような教育を受けてきたのかも考えなければならないのです。

一時点でなく、過去の教育についても考慮するために、ピザに参加した子どもたちが、小中学校で合計何時間授業を受けてきたのか（「総受講時間数」と名付けます）を計算してみました。それを図にしたのが図1-11(b)です。15歳の子どもたちの総受講時間数は、ゆとり教育導入の2002年以降に低下し、2011年と2012年に底を打ちます。そして、脱ゆとり教育の開始以降、総受講時間数は増加します。

さて、ここが面白いところなのですが、2012年のピザで、日本はかなり良い成績をあげているのです。3科目の平均点で、ゆとり導入前の2000年とほぼ同じ点数です(図1-11(a))。もう1つ面白いのは、2015年、2018年のピザテストに参加した世代は、脱ゆとり教育を受けてきた世代であるにもかかわらず、ゆとり教育をばっちり受けた世代(2012年のピザに参加)よりも点数が低いのです。

たしかに、その点数の違いはさほど大きくはありませんが、それでも脱ゆとり教育を受けてきた世代のほうが点数は低いのです。これはどうしたことでしょう? もし、ゆとり教育が学力を下げ、脱ゆとり教育が学力を上げるものであるなら、ピザテストの成績を示すグラフ(図1-11(a))は、総受講時間数のグラフ(図1-11(b))と同じような形になるはずです。でも実際はそうなってはいません。

もちろん、ピザの点数の経年的変化がどのくらい実態を反映しているか、という問題はあります。ピザは、世の中のほとんどの調査がそうであるように、全数調査ではありません。つまり、15歳の子ども全員を対象として調査をしているわけではないのです。全数調査は労力的にも大変だしお金もかかるので、実際には一部の子どもをサンプルとして選んで調査を行っています。そうすると、調査結果は当然ながら、サンプルの選び方による誤差の影響を受けます。だから、脱ゆとり教育を受けてきた世代のほうが、ゆとり教育を最も徹底的に受けた世代よりも本当に学力が低いかどうかは、実際には十分に吟味しないとわからないことです。

ですが、本書の議論では、そこが重要なのではありません。私たち著者は、「脱ゆとり教育を受けてきた世代のほうが、ゆとり教育を最も徹底的に受けた世代よりも学力が低いかどうか」を問題にしているのではありません。ここで問題にしているのは、「ピザのデータを見る限りでは、ゆとり教育で学力が低下して、脱ゆとりによって学力が上向いたという結論は導くことができない」という点なのです。

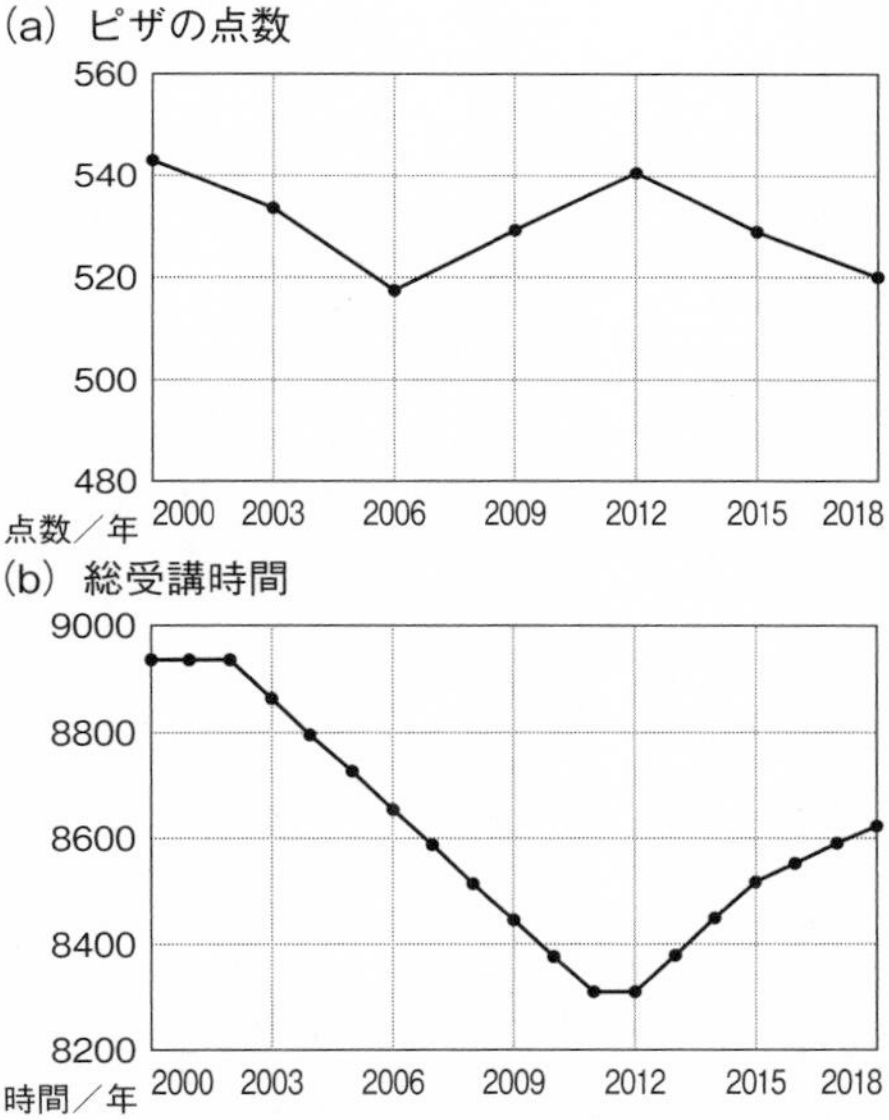

図 1-11：(a) 日本のピザ３科目平均、(b) 15 歳の子どもたちの小中学校における総受講時間
出所：ピザ 2000 年〜2018 年

一般に、ゆとり教育が撤回された主因は、ピザなどで明らかになった日本の学力低下とされています。しかし、ピザデータをちゃんと見てみると、ゆとり教育

が学力低下の原因であったと言うことはできないのです。つまりデータは、「ゆとり教育は学力低下を招く」というような「わかりやすい物語」を支持しないのです。

ですから、ここで主張したいのは、「わかりやすい物語を安易に信じてはいけない」ということです。「わかりやすい物語」を信じて教育政策や制度をいじっても、簡単に思い通りの結果が出ることはほとんどないのです。

これは何も日本に限ったことではありません。アメリカでもオーストラリアでも、この20年、学力向上のための教育改革を数多く行ってきましたが、その結果はどうだったでしょうか？　アメリカのピザの成績はほぼ横ばいでしたし、オーストラリアに至っては一貫して低下しています。たぶん、教育やそれをとりまく社会というのは、私たちが考えるほど単純なものではないのです。

私たちが肝に銘じるべきは、教育政策や制度をやたらといじりまわすのは危険だし、ほとんどの場合、無益だということなのです。日本は子どもたちにゆとりを持たせて教育を良くしようとしてきましたが、実はゆとりが必要だったのは、子ども（だけ）ではなく、むしろ大人の方だったのかもしれません。大人がゆったりとした心をもって、教育や社会の複雑さに耐えることが、実は安定した教育政策のために必要なことかもしれません。

結論　日本は学力が高い

†問題があるのは大人のほう？

これで第1章は終わりです。最後に、この章で学んだことをまとめておきましょう。

①日本の子どもたちは、基本的な知識という点では世界トップクラスである。
②知識を創造的に使うという点でも、数学と理科については、世界トップクラスである。ただし読解については数学や理科より劣り、先進国の平均的なレベルである。
③創造性を現実的な問題解決に活かす能力は、世界トップクラスである。
④学力格差に関して、基本的な事項を理解していない子どもは少ない。ただし、学力には社会階層の影響が認められ、他の先進国と同程度に不公平な社会である。
⑤大人になったときの能力は、世界トップクラスである。
⑥学力の一貫した低下傾向は認められない。

どうだったでしょうか？　「思ったより日本の子どもたちはいいじゃないか」と認識を新たにされた方もいらっしゃるかもしれません。その一方で、「いくら成績が良くても、それは塾通いのせいだし、日本にはいじめなどの問題も山積しているではないか」という反論もあると思います。この点については、章を改めて考えてみましょう。

また別の反論として、そもそもピザやティムズの成績が良いからといって、それでいいのか、というのもあるかと思います。実はこの反論には、著者である私たちも賛成したい部分があります。というのも、私たちもピザやティムズで測られる能力がそれほど重要なものかどうかについて、疑問を持っているからです。

これは逆に言えば、教育に関して私たちが抱く問題のうちいくらかは、その原因が子どもたちではなく、大人たちのほうにあるということでもあります。そもそも著者の私たちを含め大人たちの間に、子どもたちにどんなふうに育ってほしいのか、定見があるわけでもありません。そのため何かにつけて不安に駆られて、思いつきで教育政策や制度をいじったりしてしまうのかもしれません。

そうなのだとすると、大事なのは、子どもたちをどうするかというよりも、そもそも大人たちの間で「子どもたちにどんなふうに育ってほしいのか」について合意を作っていくことのような気がします。そして、この問いは「私たちはどんな社会に生きたいのか」という問いと密接に繋がっています。

†日本社会の未来と教育

こういう大きな問いを前にして考えるなら、ピザやティムズの結果に一喜一憂するという態度は、あまり好ましいものではありません。直近のピザ（2018年）の結果で、日本の読解の成績が良くなかったことが、メディアなどで随分取り上げられました。ピザの読解の成績が良くないということは、日本の子どもたちは、ピザの問題に出てくるような文章を読むのが上手でないということではあります。しかし、その結果があらゆる意味で、文章を読む能力が低いということかどうかはわかりません。というのも、文章というのは文化によって相当異なるからです。さらには、文章の読み方もまた文化によって異なることが知られています。

もしかしたらこの文化の違いが、東アジア諸国の読解の成績に影響しているかもしれません。本章で見てきたように、東アジア諸国は、数学や理科の成績ほどには読解の成績は良くありませんでした。これは、ピザのテストが欧米諸国の基準をもとに作られており、東アジア諸国の文化に完全には合致しないからかもしれません。ということは、ピザの成績をどのように受け取るかは、各国が「どのような社会を作りたいのか」という問いと関連させて議論しなければならないということです。

つまり、東アジア諸国の一員として生きていくなら、あまりピザの読解のテスト結果を深刻に受け止める必要はないかもしれません。逆に、欧米諸国は今でも世界の重要な位置を占めており、欧米諸国の基準のもとでも日本は高いパフォーマンスを示さなければならないと考えるなら、ピザの数学や理科だけでなく、読解のテストでも良い成績を追求すべきかもしれません。

以上のように、ピザのテスト結果について、どのように受け取るかは難しい部分がありますが、それでも、日本がピザやティムズにおいて概ね良い成績を収めていることは、まったく無意味とも思えません。ピザやティムズで測られる能力が人間にとって最も重要なものなのかはわかりませんが、それでもそれは何らかの能力ではあります。また、大人のためのピザであるピアックでも、日本が良い成績を収めていたということは、大人たちも何らかの能力を持っているということです。

ですから、私たちに必要なことは、今、日本の子どもたちや大人が持っている能力をもとにして、どのような社会を作っていきたいのかを考えることです。そして、その社会を作っていくうえで、今後教育をどのようにしていくべきなのか議論することです。

少し結論めいた文章になってしまいましたが、本書では、まだ先述の反論（「いくら成績がよくても、それは塾通いのせいだし、日本にはいじめなどの問題も山積しているではないか」）には答えていませんでした。この点については、第2章で考えていきましょう。

第2章 教育の代償は大きいのか？

通説7 勉強のしすぎ

†子どもたちの生活

第1章で見たように、日本の子どもたちは、学力という観点から見ると高い水準にあります。しかし学力がいくら高くても、子どもたちが学校生活を含め、子ども時代を楽しく送っていないのだとしたら、それはやはり問題です。日本の子どもたちの高い学力は大きな犠牲の上に成り立っているのではないか？　保護者の多くは、こういう疑問を持ったことがあるのではないかと思います。著者の1人（小松）も小学生の娘がおりますから、娘が楽しく生活しているかは、学力以上に気になります。

そして、子どもたちの生活は、保護者だけの関心事ではありません。日本国内でも世界でも、子どもたちの生活は社会全体の主要な関心事ですし、その関心は一貫して高まってきています。

日本国内では、1980年頃から、子どもたちにゆとりを与える方向へ、教育行政は動いてきました。元来の日本の教育が「詰め込み教育」であり、子どもたちに大きな犠牲を強いていたという反省のもと、学習内容や授業時間が削減され、教育に対する思想も創性を強調したものに変化してきました。2000年頃から再び、学習内容や授業時間は増えてはいますが、それでも現在の学習内容や授業時間は、1980年代に比べると依然として少ないレベルに保たれています。

世界でも、もともと学力を評価することを目標としてきたOECDのピザが、最近では、子どもたちの生活に関しても多くの調査を行うようになりました。子どもたちは学校を楽しんでいるのか、自らを学校の一員と感じているのか。こういう側面を、ピザも調査し始めたのです。

第2章で見ていきたいのは、このような子どもたちの生活に関する側面です。メディアの記事などを読んでいると、日本の子どもたちは、次のような生活上の問題を持っていることになっています。

・勉強のしすぎ。
・受験のプレッシャーが大きい。
・学力が高いとはいえ、それは塾に行って無理やり成績を上げているからである。
・勉強に対する興味が低い。
・学力が高くても、自分に自信を持つことができない。
・楽しい学校生活を送れていない。
・いじめ・不登校・自殺などの問題が多発している。

第2章では、以上のような問題が本当に存在しているのかどうかを考えます。もちろん、日本には勉強しすぎの子どももいます。受験のプレッシャーで精神的に追い詰められている子どももいるでしょう。過度の塾通いをしている子どももいます。ただ、そういう子どもはどこの国にもいるのです。この本で考えたいのは、そういう個別のケースではなく、日本全体としてどうなのかという点です。つまり日本全体として、他国よりも犠牲が著しいかどうかです。

もちろん、日本全体を見るからといって、個別のケースが重要でないと言っているわけではありません。個別のケースはとても大事です。実際、自分の子どもが生活で問題を抱えていたら、それは保護者にとってこの上なく大きな問題です。ですが、そういう個別のケースについては、既にある程度、情報発信がなされています。

一方で、他国と比べて日本が今どのような状況にあるのかについて、十分な情報は今のところ見当たりません。ですから本書は日本全体に注目して、子どもたちの生活を見ていくのです。

†少ない勉強時間

最初に検討したいのは、日本の子どもたちが勉強しすぎかどうかです。要するに勉強時間です。

ピザは、15歳の子どもの学力を調べるだけでなく、勉強時間など色々なデータも計測しています。2015年のピザでは、勉強時間が週60時間以上の子どもの割合が調査されています。この勉強時間というのは、学校だけでなく塾や家庭での勉強時間を総計したものです。

週60時間というのは、なかなかの勉強時間ですね。日曜日は勉強しないとしたら、月曜日から土曜日まで毎日10時間勉強しなくてはなりません。月曜日から金曜日までは、学校で6時間勉強すると考えると、塾や家庭などで4時間勉強しなくてはなりません。土曜日は、塾や家庭などで10時間勉強しなくてはなりません。大変ですね。

では、日本の15歳の子どもたちのうち、週60時間以上勉強する子どもの割合は、どのくらいだと思いますか？　アメリカはどうでしょうか？　もう1つ質問。日本の割合は、OECD25ヵ国中で何位くらいだと思いますか？

日本の子どもたちのうち、週60時間以上勉強する子どもの割合は、9・3％でした。10人に1人以下ですね。こんなものでしょうか。一方、アメリカは21・8％でした。10人に2人以上います。みなさんの実感と合致したでしょうか？　図2－1(a)に、週60時間以上勉強する子どもの割合のランキングを示しました。日本はOECD25ヵ国中19位です。一方、アメリカは3位です。

このランキングはなかなか味わい深いものです。というのも、この結果は多くの方々の一般的な印象と異なるからです。1位から5位までで、私たちの感覚と合致するのは、せいぜい2位の韓国くらいのものでしょう。韓国では大学入試の競争が激しく、子どもたちが長時間勉強することは、日本でもときおり報道されます。

しかし、トルコ、アメリカ、イタリア、ギリシアについて、そのような報道は聞いたことがありません。アメリカは日本にとって身近な国で、アメリカのドラマなどもよく放映されています。そういうドラマなどからイメージすると、アメリカの高校生は勉強もほど

(a) OECD 諸国との比較

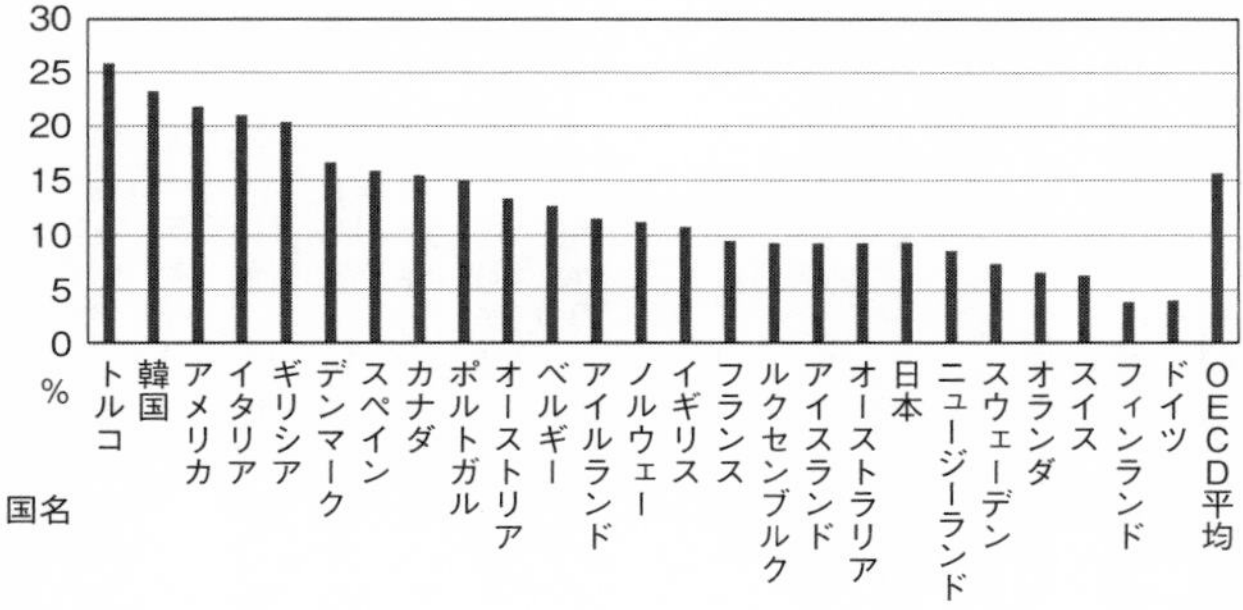

(b) 東アジア諸国との比較

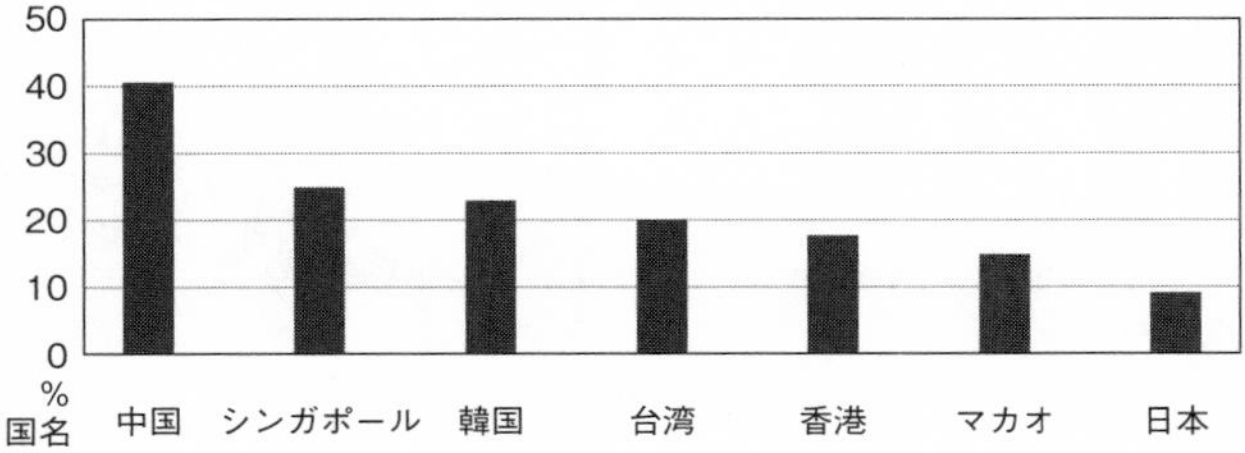

図 2-1：週 60 時間以上勉強する子どもの割合
出所：ピザ 2015 年

ほどに、いろんなイベントや課外活動を通じて、自分の興味に沿った能力をのびのびと養っているような感じを受けます。けれど、データで見ると必ずしもそうではなさそうなところが面白いですね。

図2-1(a)には、日本・韓国以外の東アジア諸国が入っていませんが、これはほとんどの東アジア諸国がOECDに加盟していないためです。日本と東アジア諸国を比べてみると、日本の勉強時間の少なさが際立ちます。図2-1(b)に、日本と東アジア諸国の比較を示しました。週60時間以上勉強する子どもの割合は、中国だと40%を超えます。シンガポールは韓国と同水準の25%。比較的割合が低い台湾・香港・マカオでも15〜20%程度であり、日本の9・3%より明らかに高い割合となっています。つまり、日本の子どもたちの勉強時間の少なさは、東アジアの中では群を抜いているのです。

以上はよく勉強する子どもたちの割合ですが、あまり勉強しない子どもたちの割合はどうでしょう？　ピザは週40時間以下しか勉強しない子どもの割合も計測しています。週40時間勉強するのは簡単ではないけれども、さほど難しくもなさそうですね。月曜日から金曜日まで、学校で6時間勉強するとして、あと10時間勉強したら40時間になります。月曜日から金曜日まで毎日2時間、塾や家庭などで勉強すれば、土日は勉強なしです。

週40時間以下しか勉強しない子どもの割合のランキングは、図2-2(a)のようになります。概ね先ほどの図2－1(a)のランキングを反対にしたような感じになっています。このランキングによると、日本はOECD諸国の中で、6番目に勉強しない国ということになります。日本では、週40時間以下しか勉強しない子どもが過半数です。東アジア諸国を見てみると、週40時間以下しか勉強しない子どもが過半数を占める国は日本だけです（図2－2(b)）。

このデータからすると、日本の子どもたちが勉強のしすぎであるとは決して言えそうにありません。もちろん週40時間の勉強でも、勉強のしすぎだと考えることは可能です。週40時間でも、土日は勉強しないとすれば、月曜日から金曜日まで毎日8時間勉強するわけです。8時間と言えば、普通の人が起きている時間の半分です。長いような感じもします。しかし、国際比較という観点からすれば、日本の子どもたちは明らかに勉強をあまりしていないのです。

†社会階層の高い子は勉強しすぎ？

それでも、次のような反論があり得ます。「日本で勉強時間が短いのは社会階層の低い子どもの集まる学校であって、社会階層の高い子どもの集まる学校では勉強時間が長いのではないか」という反論です。実は、ピザは学校の社会階層を計測し、社会階層の高い学

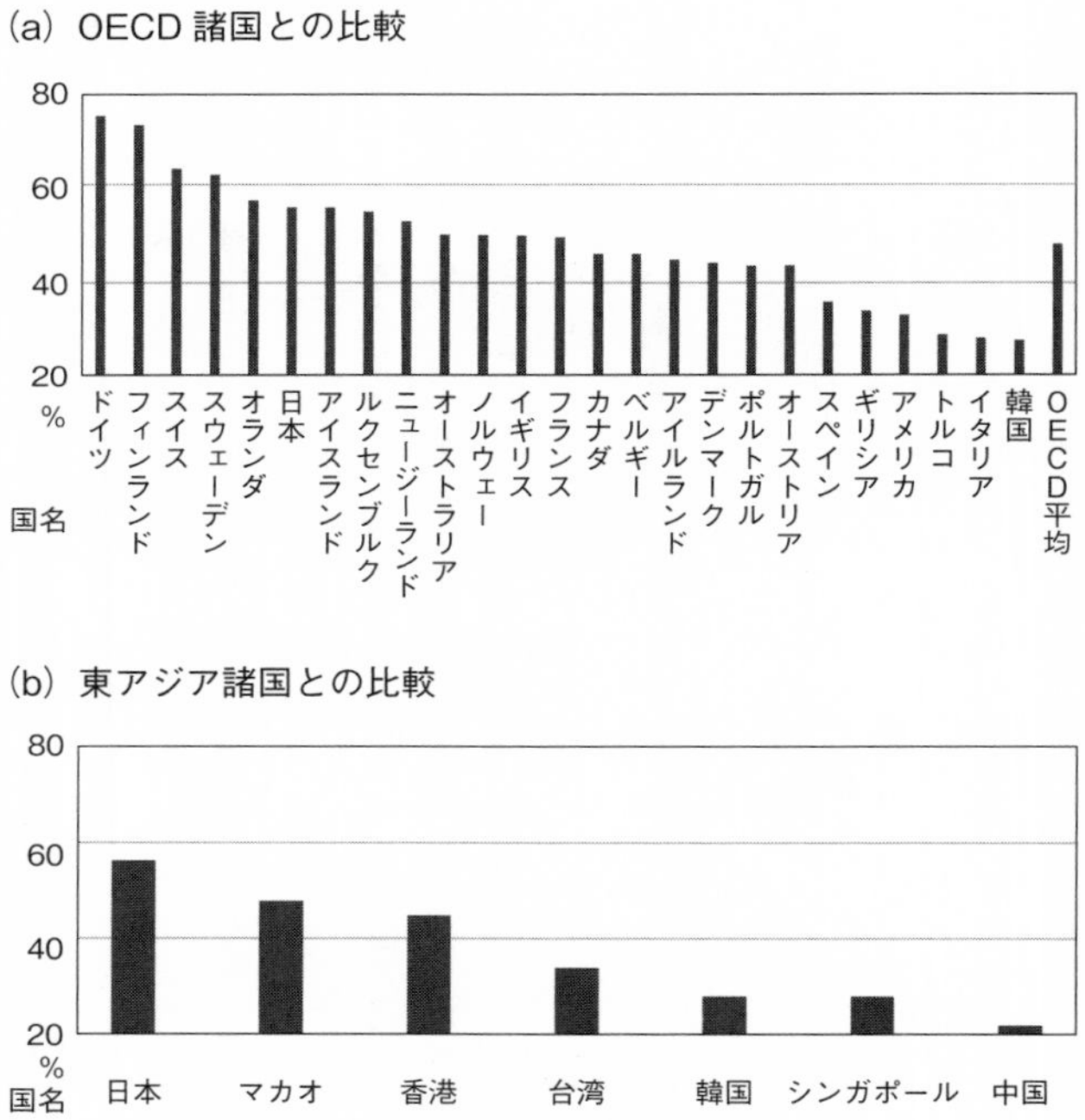

図 2-2：週 40 時間以下しか勉強しない子どもの割合（%）
出所：ピザ 2015 年

校の子どもたち、社会階層の低い学校の子どもたちの学習時間も計測しています。このデータは学校外での学習時間（学校の宿題も含む）なので、図2－1や図2－2の勉強時間（学校内外の総学習時間）によるランキングとは少し異なりますが、日本の子どもたちの学習時間が国際的に見てどれほどのものかを見るには使えそうです。

まず、社会階層の高い学校の子どもたちの学校外学習時間を図2－3に示しました。図2－3(a)はOECD諸国との比較です。日本の順位は35カ国中20位で、社会階層の高い学校の子どもたちも、OECD諸国と比較するとあまり勉強していません。東アジア諸国はOECD諸国よりも一般によく勉強しますので、東アジア諸国と比べると、日本の勉強時間の少なさは際立ちます。日本は、東アジア7カ国中最下位です（図2－3(b)）。

次に、社会階層の低い学校の子どもたちの学校外学習時間を見てみましょう。図2－4(a)はOECD諸国との比較です。日本の順位は35カ国中最下位の35位です。同様に、東アジア諸国と比べた場合でも最下位でした（図2－4(b)）。

以上からわかるのは、社会階層にかかわらず、日本の子どもたちの学習時間は長くはないということです。確かに、社会階層の高い学校の子どもたちの順位は、社会階層の低い学校の子どもたちの順位よりもずっと上です。ですから、日本の社会階層の高い学校の子どもたちは、社会階層の低い学校の子どもたちよりも、相対的にかなり勉強しているとは

(a) OECD諸国との比較

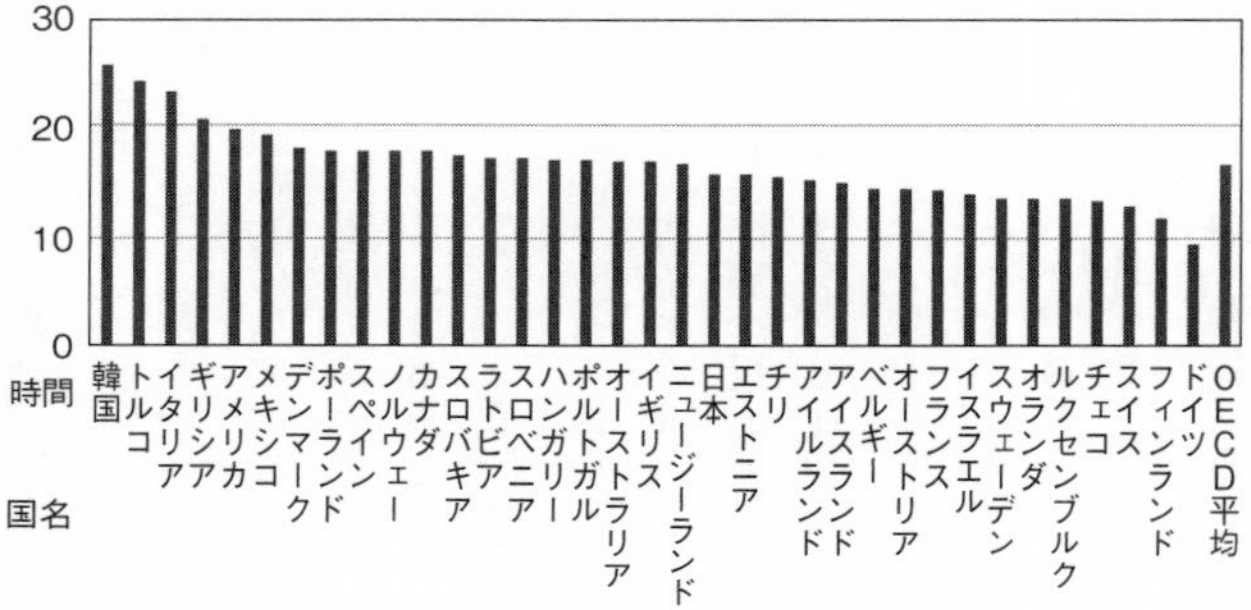

(b) 東アジア諸国との比較

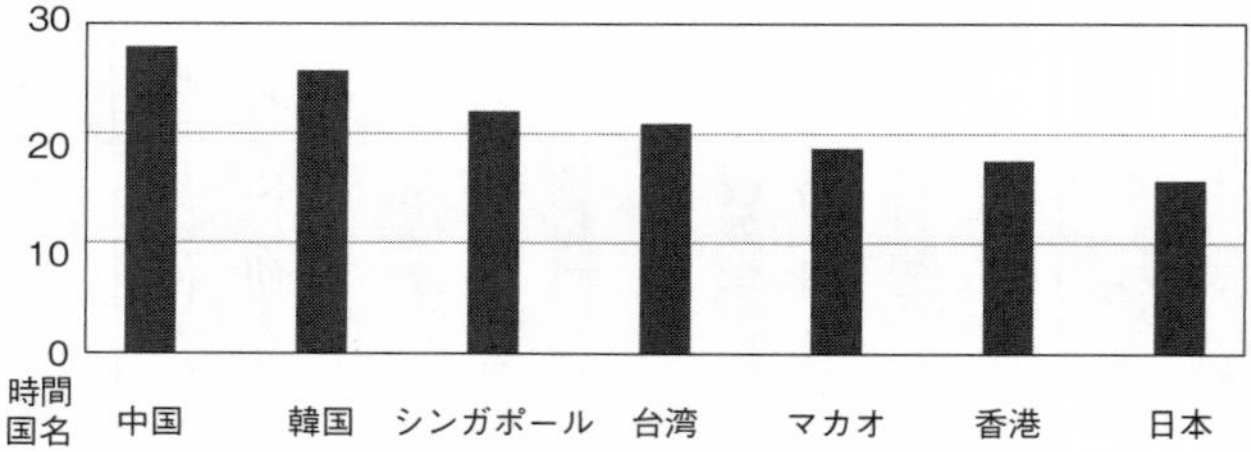

図2-3：社会階層の高い学校（上位4分の1）の子どもたちの学校外学習時間（時間／週）
出所：OECD2016、214頁より著者作成

(a) OECD 諸国との比較

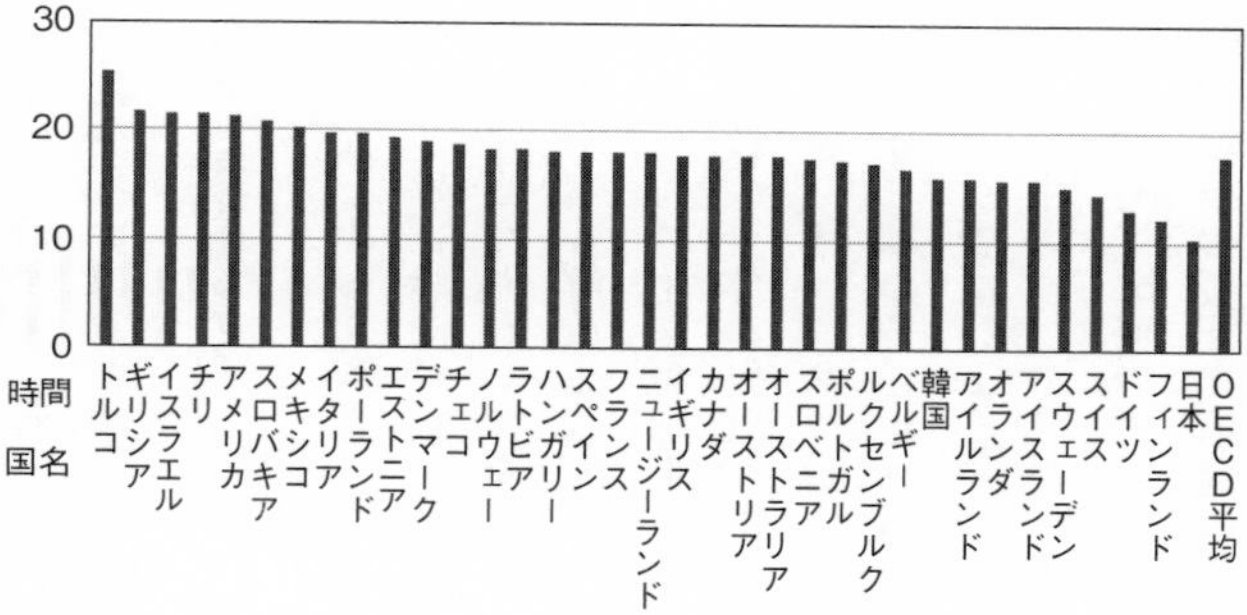

(b) 東アジア諸国との比較

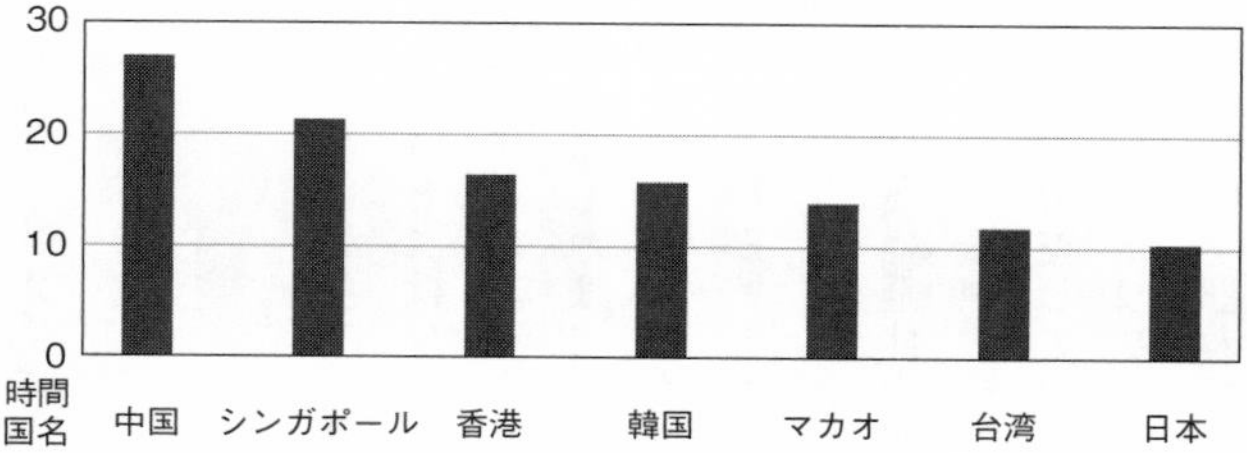

図 2-4：社会階層の低い学校（下位 4 分の 1）の子どもたちの学校外学習時間（時間／週）

出所：OECD2016、214 頁より著者作成

言えます。それでも、社会階層の高い学校の子どもたちの勉強時間でさえ、OECD諸国の中では少ないほうです。

†受験地獄は存在するか？

ここまで、ピザの結果を使って、日本の子どもたちの勉強時間を見てきました。ただ、ピザのデータだけを使って勉強時間を調べることには少し不安もあります。というのは、日本の子どもたちがピザを受けるのは高校1年生になりたての頃です。この時期は高校受験の重圧からも解放され、最も遊びたい頃かもしれません。ですから、ピザで報告される日本の子どもたちの勉強時間は、高校1年生になったばかりの特別な時期のものであって、例えば高校生全体の勉強時間よりも大幅に少ないかもしれません。

この点を、オックスフォード大学の苅谷《かりや》剛彦《たけひこ》先生にご指摘いただいて調べてみたのですが、やはり日本の子どもたちの勉強時間は、高校生全体を対象とした場合でも、他国の子どもたちより少ないようでした。国立青少年教育振興機構という機関が2016年に、高校生全体を対象として、学校外での勉強時間を調査しています。対象国は日本の他に、アメリカ、中国、韓国です。この調査は、これら4カ国の高校生に、平日に学校の宿題をする時間、学校の授業・宿題以外の勉強をする時間を訊ねています。その結果をまとめたも

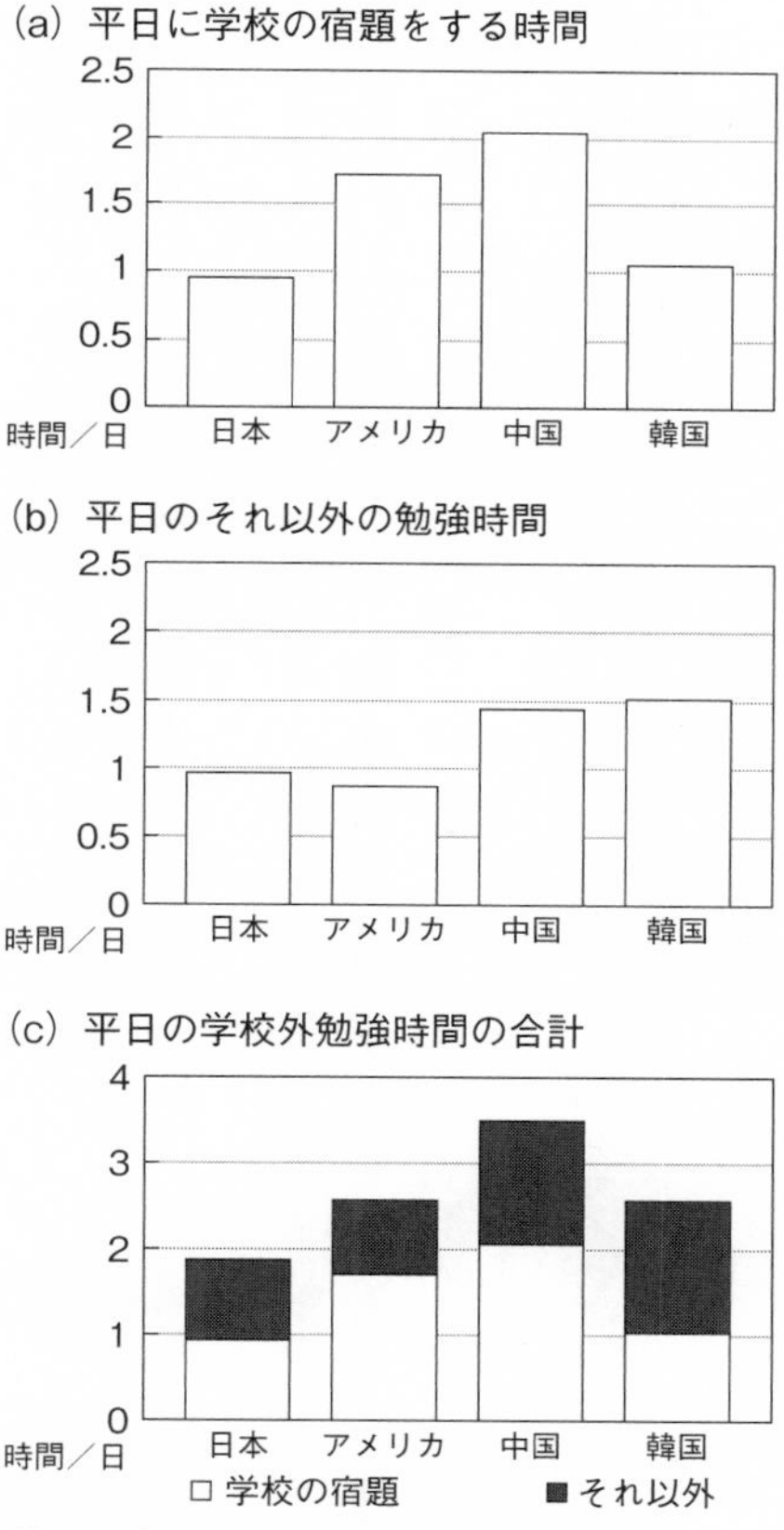

図 2-5：高校生の学校外の勉強時間（時間／日）

出所：国立青少年教育振興機構 2017 より著者作成。（元データでの、勉強時間「なし」「0 〜 1 時間」「1 〜 2 時間」「2 〜 3 時間」「3 時間以上」をそれぞれ、勉強時間 0 時間、0.5 時間、1.5 時間、2.5 時間、3.5 時間として計算）

のが図2-5です。

まず学校の宿題をする時間を見てみると、日本と韓国が他の2国より少ない傾向にあります（図2-5(a)）。学校の授業・宿題以外の勉強をする時間については、日本とアメリカが他の2国より少ない傾向にあります（図2-5(b)）。つまり、日本の子どもたちは、宿題もあまりしないし、それ以外の勉強もあまりしないということなのです。こういう国は、この4カ国では日本だけです。

その結果として、学校の宿題をする時間とそれ以外の勉強をする時間の合計値は、日本が4カ国の中で最も少なくなっています（図2-5(c)）。このように、高校生全体を対象とした調査でも、ピザと同様の結果が得られました。やはり、日本の子どもたちはあまり勉強をしていないようです。

右に示したデータに対して、今の40代やそれ以上の方は違和感があるかもしれません。「私は子どもの頃、本当にしんどくなるほどたくさん勉強した」という感覚をお持ちの方もいらっしゃると思います。この感覚はある程度もっともで、1980年代やそれ以前には、日本の子どもたちはもっと勉強していました。当時は「受験地獄」というような言葉さえ使われていました。しかしそれ以降、子どもたちは2000年あたりにかけて、どんどん勉強しなくなってきました。2010年代には勉強時間が少し増えますが、それでも

1980年代に比べると依然として少ない水準にあります。

勉強時間が減った原因は色々ありますが、特に重要なのは、大学に入るのが簡単になったことです。少子化が進む一方で、大学は全体として定員を増やしました。その結果、1990年には、大学志願者のうち4割以上が実際には大学に入れませんでしたが、今は、その割合が1割以下です。つまり大学を選ばなければ、ほとんど誰でもどこかの大学には入れるようになったということです。この時代的状況を表現するために、今は「大学全入時代」という言葉さえあります。

†勉強しないのに高い学力

以上のように、今の子どもたちは昔に比べて勉強をしていませんが、だからといって「今の子どもたちはけしからん」と言えるかどうかはよくわかりません。というのも、依然として日本の子どもたちの学力は、国際的にはトップクラスだからです。例えば、数学は科学技術の基礎であるため、1960年代のフィムズ（ティムズの前身のテスト）に始まり、現在まで継続的に学力の国際比較が行われてきましたが、日本は一貫してトップクラスの成績を保っています。

これは素晴らしいことであると同時に、実に不思議なことでもあります。というのも、日本の学校の授業時間数は1980年代後半から明らかに減り、子どもたちの学校外での学習時間も減っているからです。

今の日本の子どもたちは、昔に比べて勉強をしないし、他の国と比べても勉強していません。それにもかかわらず学力が高い。これを「素晴らしい」と表現する人もいるでしょう。その人は、勉強というのは過程よりも、最終的に獲得された能力で評価されるべきだと考えていることになります。

一方で、「今の子どもは勉強をしなくてけしからん」とおっしゃる方は、学力以外に、勉強によって身に着く態度のようなもの、あるいは勉強をする体験自体に意味があると考えていることになるでしょう。第1章の最後と同じように、私たちが子どもたちに、あるいは教育に何を求めているのか、という議論になります。

ですが、教育に何を求めるべきなのかについて、本書ではこれ以上議論はしません。この本の目的は、教育に何を求めるべきかを議論することではなく、むしろ、そういう議論をスタートさせるためのデータ的基礎を築くことだからです。より具体的に言えば、本書の焦点は、「自国の像」という内側から見ることが難しいものを、国際比較という鏡を使って見ようとするところにあるのです。

†自国を見るのは難しい

ここまで見てきた通り、日本の子どもたちは、一般に日本で考えられているほど勉強はしていないのです。むしろ国際的に見れば、かなり勉強しないほうに属しています。学力

	選択肢
1	勤勉（仕事や勉強などに一生懸命であること）
2	知的
3	実際的（現実を重んじること、現実的）
4	見栄っ張り
5	寛大（思いやりがあること）
6	勇敢
7	寡黙（口数が少ないこと）・慎重
8	冷静
9	友好的・親和的（和やかに親しみやすいこと）
10	独善的（自分だけが正しいと考えることなど）
11	融通が利かない・頑固
12	真面目
13	熱情的・情熱的
14	礼儀正しい
15	横柄（いばったり、人を無視した態度を取ること）
16	進歩的
17	平和愛好的（平和であることを好むこと）
18	信頼できない・何を考えているかわからない
19	その他・この中にはない
20	わからない

表 2-1：日本人のイメージ（アンケートの選択肢）
出所：内閣府「我が国と諸外国の若者の意識に関する調査」（2013 年）

は世界トップクラスであるにもかかわらず。こういうことは、なかなか自国の中から見ていてもわかりませんね。私たちの自国に対するイメージ、日本人についてのイメージは、相当程度に不正確なのです。

そのことを明瞭に示すデータがあります。このデータは、さほど本書の内容にぴったりというわけでもないのですが、面白いので見てみましょう。このデータは、日本と諸外国の若者（13歳から29歳まで）の意識についてのアンケート調査から得られたものです。

このアンケートに面白い質問項目があります。それは、日本人についてのイメージを問うものです。回答者は、表2－1の選択肢の中から、日本人のイメージに合うものを選びます。いくつ選んでもかまいません。読者のみなさんもぜひ選んでみてください。

では、日本人に「日本人のイメージ」を訊いた回答と、アメリカ人に「日本人のイメージ」を訊いた回答を順に見ていきましょう（表2－2）。「日本人が思う日本人のイメージベスト3」は、「礼儀正しい」「真面目」「勤勉」でした。これは、読者の方々のイメージとまずまず合致するのではないかと思います。

次にアメリカ人です。「アメリカ人が思う日本人のイメージベスト3」は、「知的」「勤勉」「友好的・親和的」でした。どうですか？　日本人の思う「日本人のイメージ」と合致しているのは「勤勉」だけで、「礼儀正しい」も「真面目」もベスト3に入っていません。

つまり、日本人が思うほど、日本人は「礼儀正しい」とも「真面目」とも思われていないということです。加えて「勤勉」を選んだアメリカ人は38・8%で、日本人の45・7%より少し低いです。つまり、アメリカ人は日本人を勤勉だとは思っているけれども、日本人が思うほどではないということです。その一方で、日本人は、自分たちが思う以上に、「知的」で「友好的・親和的」とアメリカ人に思われているようです。

順位	日本人→日本人	アメリカ人→日本人
1	礼儀正しい（55.7%）	知的（47.6%）
2	真面目（50.8%）	勤勉（38.8%）
3	勤勉（45.7%）	友好的・親和的（33.9%）

表2-2：日本人の思う「日本人のイメージ」、アメリカ人の思う「日本人のイメージ」（複数回答）
出所：内閣府「我が国と諸外国の若者の意識に関する調査」（2013年）

このデータが面白いのは、アメリカ人の日本人に対するイメージのほうが、先に紹介したピザデータと整合するところです。日本はピザで非常に良い成績をとっているにもかかわらず、勉強時間はかなり短い。つまり、日本人は少なくともピザが計測する限りでは知的である（成績が良い）一方、自分たちが思うほど真面目でも勤勉でもない（勉強時間が短い）というわけです。

まあ、日本人が本当に「知的」かどうかは重要ではありません。私たち著者がここで言いたいのは、人が自国や自国民について持つイメージはしばしば外から見たイメージと異なるということです。ですから、ときおり国際比較のデータなどを見て、自国や自国民についてのイメージを再考していく必要があるわけです。

通説8　高い学力は塾通いのおかげ

†受験のプレッシャー

ここまでは、日本の子どもたちが勉強をあまりしていないことを見てきました。ということは、今の日本の子どもたちは、勉強へのプレッシャーもあまり感じていないかもしれません。今の40代以上の方々は、巨大な受験プレッシャーを感じて中学・高校時代を過ごしていたかもしれませんが、今は違うかもしれないということです。

ピザは、子どもたちが感じている勉強への不安の度合いも計測しています。例えば、15歳の子どもたちに、表2－3のような質問をしています。各質問に「はい」と答えた子どもの割合がピザの報告書に示されています。この割合を、5つの質問項目について平均して「勉強への不安」の強度を計算し、ランキングにしたのが図2－6です。

図2－6(a)はOECD25カ国のランキングですが、日本は「勉強への不安」が高い方か

ら数えて7番目でした。日本の子どもたちは、OECDの平均と比べると不安が高い方です。ただ、日本と同程度に「勉強への不安」が高い国はアメリカやイギリスを含めたくさんあり、日本の子どもたちだけが特別に大きな不安を感じているというわけでもないようです。

番号	質問文
1	テストが難しいのではないかとよく心配になる。
2	学校で悪い成績をとるのではないかと心配になる。
3	テスト勉強を十分にしていても、とても不安になる。
4	テスト勉強中はとても緊張する。
5	学校で課題の解き方がわからないとき神経質になる。

表2-3：「勉強への不安」を計測するための質問項目
出所：ピザ2015年

一方で、日本を東アジア諸国と比べると、少し様相が変わります。図2-6(b)が東アジア諸国との比較になりますが、日本は他の東アジア諸国と比べると、不安が小さいほうです。つまり、東アジアは全体に不安が高く、その中で日本は韓国とともに不安が小さいほうに属します。

このデータから見えないのは、いわゆる成績上位校の子どもたちがどのくらいストレスを感じているかです。成績上位校の子どものほうが、成績をめぐる激しい競争がありそうですから、他の学校の子どもたちよりも強いストレスを感じているかもしれません。ピザもこの可能性を検討していますが、日本の成績上位校の子どもたちが、他の学校の子どもたちよりも著しく大きなストレスを感じているというわけでもなさそうです。ピザは、成績が各

(a) OECD 諸国との比較

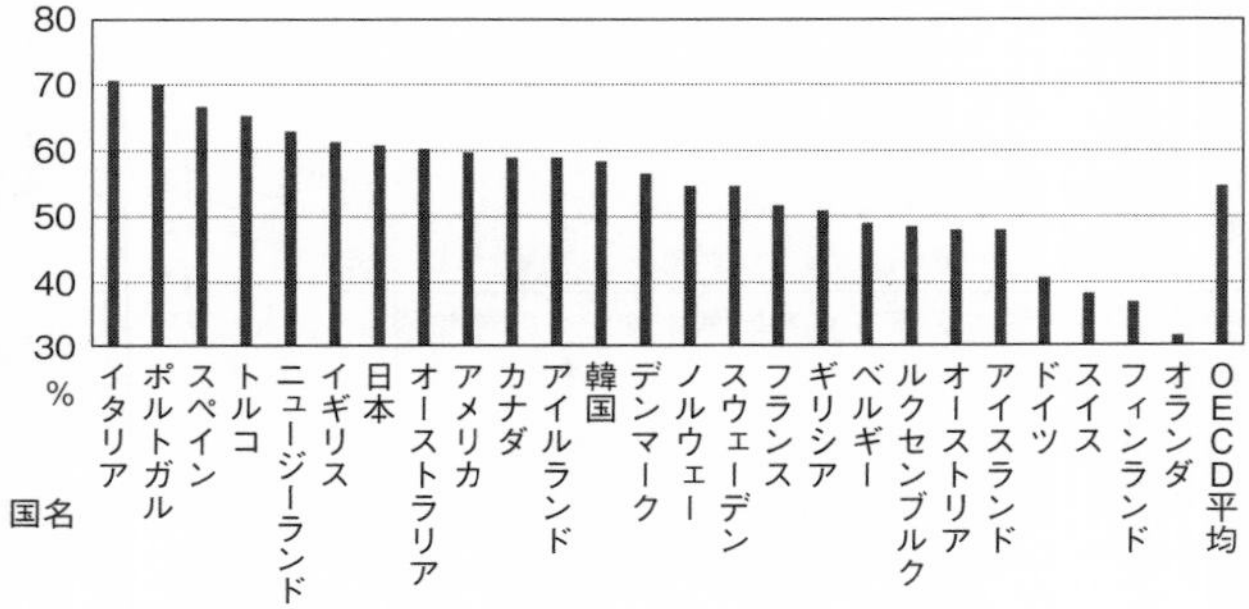

(b) 東アジア諸国との比較

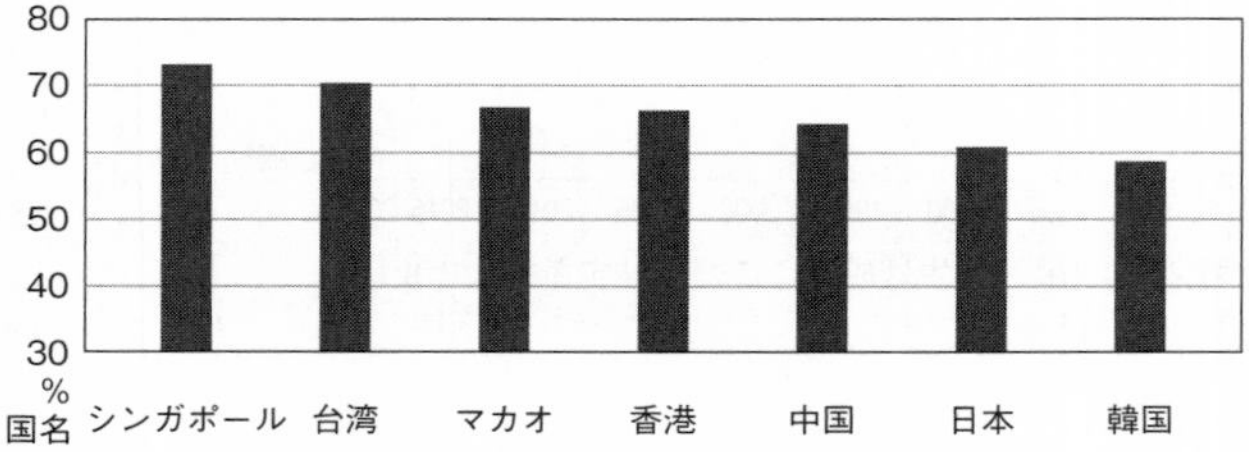

図 2-6：「勉強への不安」。表 2-3 の質問に「はい」と答えた子どもの平均割合

出所：ピザ 2015 年

国の上位10%に入る学校の子どもたちのストレスを、その他の学校の子どもたちのストレスと比較しています。それによると、日本はOECD諸国の中では、成績上位校とその他の学校のストレスの違いが最も小さい部類に入ります。

日本の子どもたちは、かつてはもっと不安やストレスを感じていたはずです。実際、様々なデータでこのことは確認できます。その一例をここに示します。ベネッセは1990年から数年に1度、学習基本調査を行っています。この調査は、子どもたちの学習習慣や学習に対する考え方などを、アンケートによって調べるものです。

その結果のいくつかを図2-7に示しました。

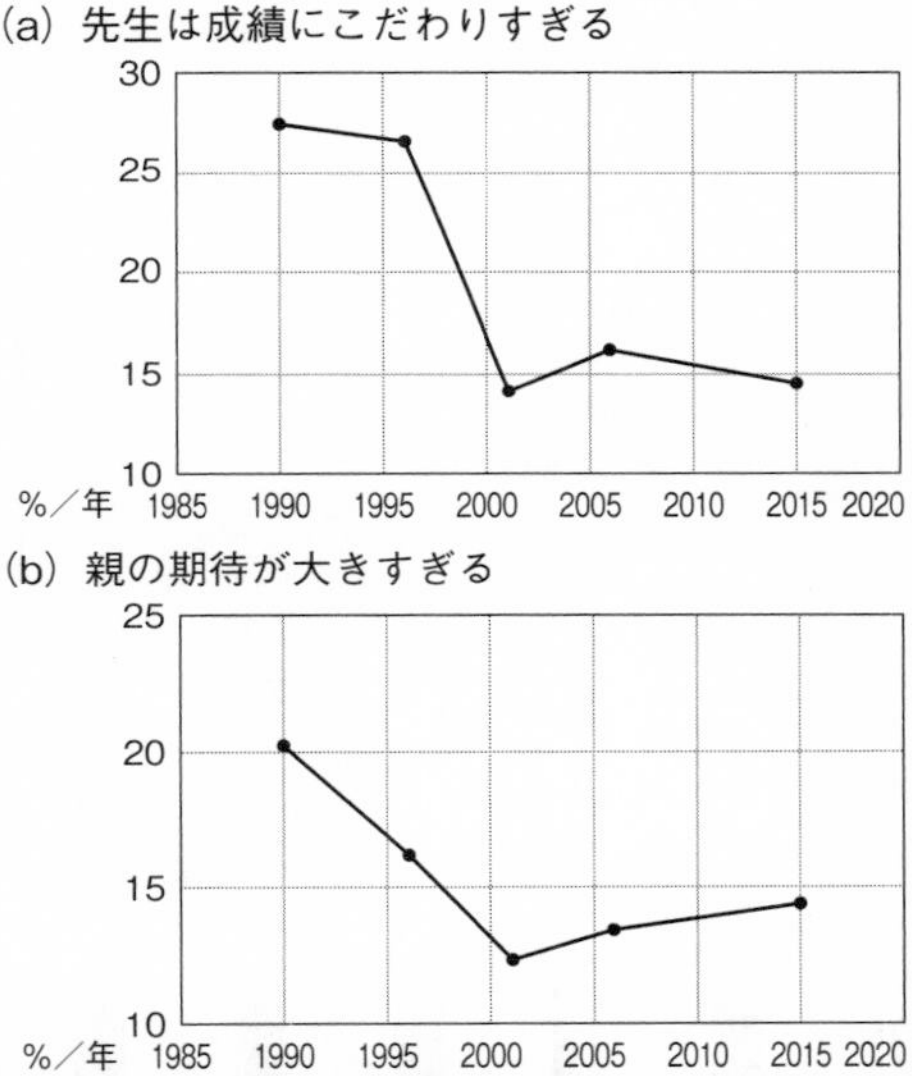

図2-7：(a)「先生は成績にこだわりすぎる」(b)「親の期待が大きすぎる」という質問に対して、「はい」と答えた高校生の割合

出所：ベネッセ教育総合研究所2015より著者作成

1990年代には、今と比べて多くの子どもたちが、「先生は成績にこだわりすぎる」「親の期待が大きすぎる」という質問に「はい」と答えていました。2015年のピザで、日本の子どもたちが「勉強への不安」で7番目だったことから考えれば、1990年代に同様の調査があったとしたら、国際的にかなり「勉強への不安」の数値が高かったと思われます。それがこの20年でかなり低下し、日本の教育はある観点からすれば、よくなったと考えることもできます。

†塾通いの前から学力は高い

日本の子どもたちは高い学力を誇っていますが、それはなぜなのか？　1つ考えられる答えは塾通いです。日本の子どもたちは学校だけでなく、放課後に塾に行っている。そのおかげで、学力が国際的に高い水準にあるのかもしれません。

もっともらしい仮説ですが、データからすると、塾通いが日本の高い学力の主因だと考えるのは難しそうです。というのも、年齢的には塾に通い始めるより前から、日本の子どもたちの学力は国際的に高い水準にあるからです。

まず、日本で塾通いがいつから一般的になるのかについて、文部科学省の報告書にあるデータをもとに見てみましょう（図2-8）。なお、ここで言う「塾」とは、「学習塾」のことです。いわゆる習い事(習字、そろばん、水泳、ピアノなど)は含みません。塾通いの割合は、子どもの年齢とともに上がってきますが、その上がり方が顕著なのは小学校高学年以降です。塾に通う子どもの割合は、小学4年生時点では26%と4人に1人程度ですが、中学2年生で50%を超え、中学三年生になると65%、ほぼ3人に2人となります。

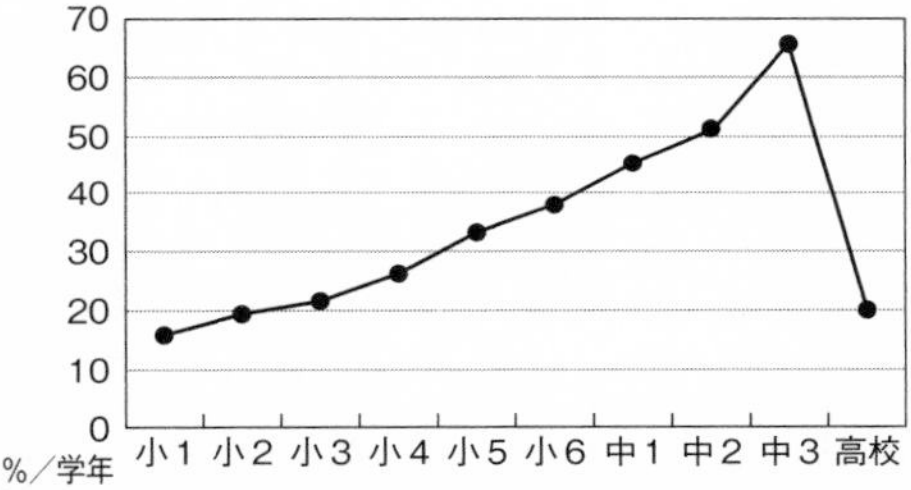

図2-8:日本の子どもの通塾率(2007年)
出所:文部科学省2008より著者作成

もし、日本の子どもたちの高い学力が塾通いによってもたらされているのだとすると、日本と他国の学力の差は、小学校高学年から中学校にかけて大きくなるはずです。しかし、データではそうなっていないのです。

ティムズは、小学4年生と中学2年生時点での子どもの学力を調べています。ティムズにいつも参加している国について、小学4年生の成績(図2-9(a))と中学2年生の成績(図2-9(b))を示しました。まず気づくことは、この2つの図がとても似ていることです。つまり、参加国間の学力の差は、小学4年生時点で既に明瞭に認められるのです。例えば、日本、香港、シンガポールの成績は、小学4年生時点において既に、他国を大きく凌駕しており、この傾向は中学2年生になっても変わりません。図2-9は算数・数学の結果ですが、理科についても同様の結果が得られています。

しかし、小学4年生時点では、日本の子どもたちの塾通いはまだ本格化していません。小学4年生で塾に通っている子どもは26%に過ぎません。さらに言うなら、塾に通っている子どものうち、算数を習っている子どもは77%と多いですが、理科を習っている子どもはとても少なくわずか12%です。塾に通っている子どもが全体の26%で、その中の12%が理科を習っているわけですから、塾で理科を習っている子どもの割合は、子ども全体の3%になります。

つまり、塾で理科を習っている子どもというのは、ほとんどいないのです。それにもかかわらず、日本の子どもたちは小学4年生時点で、算数だけでなく理科もできるのです。ということは、やはり、日本の子どもたちの高い学力の主因を塾通いとするのは無理があります。

†通塾率が上がっても学力は同じ

さらに付け加えるなら、1990年代から2000年代にかけて、小学校低学年の塾通いは増えているのですが、その期間に小学4年生のティムズの点数は上がっていません。

(a) 小学4年生

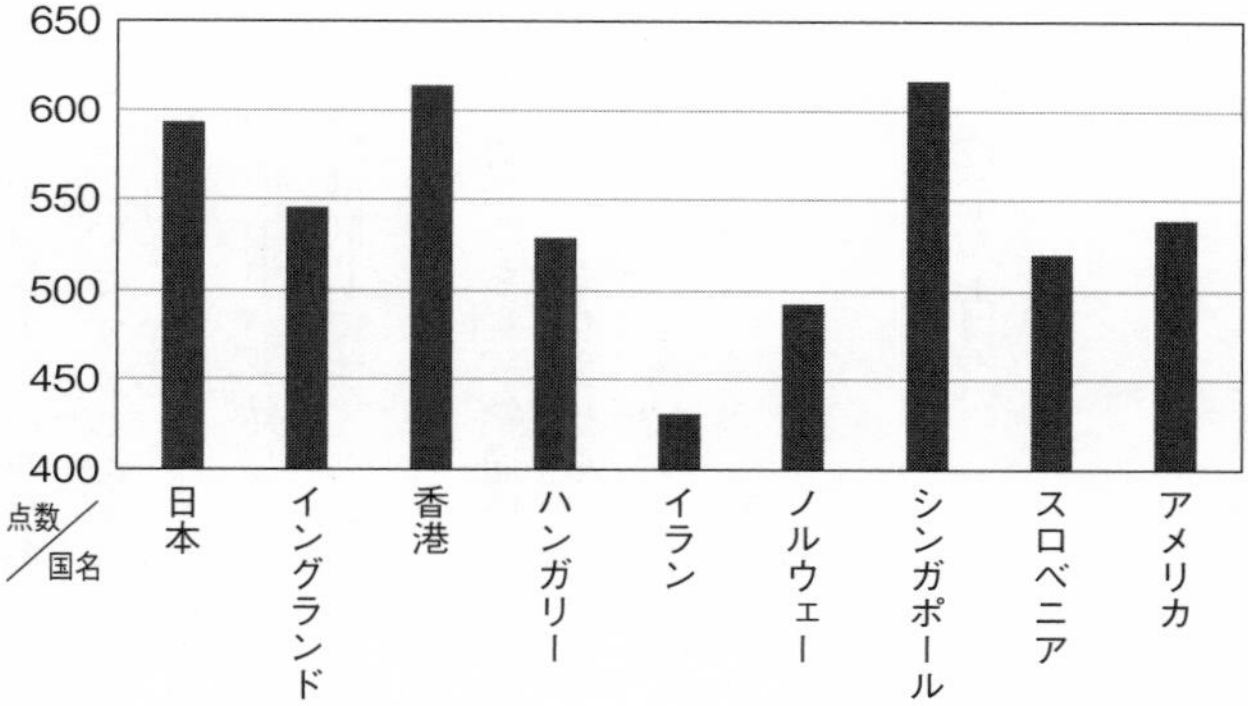

(b) 中学2年生

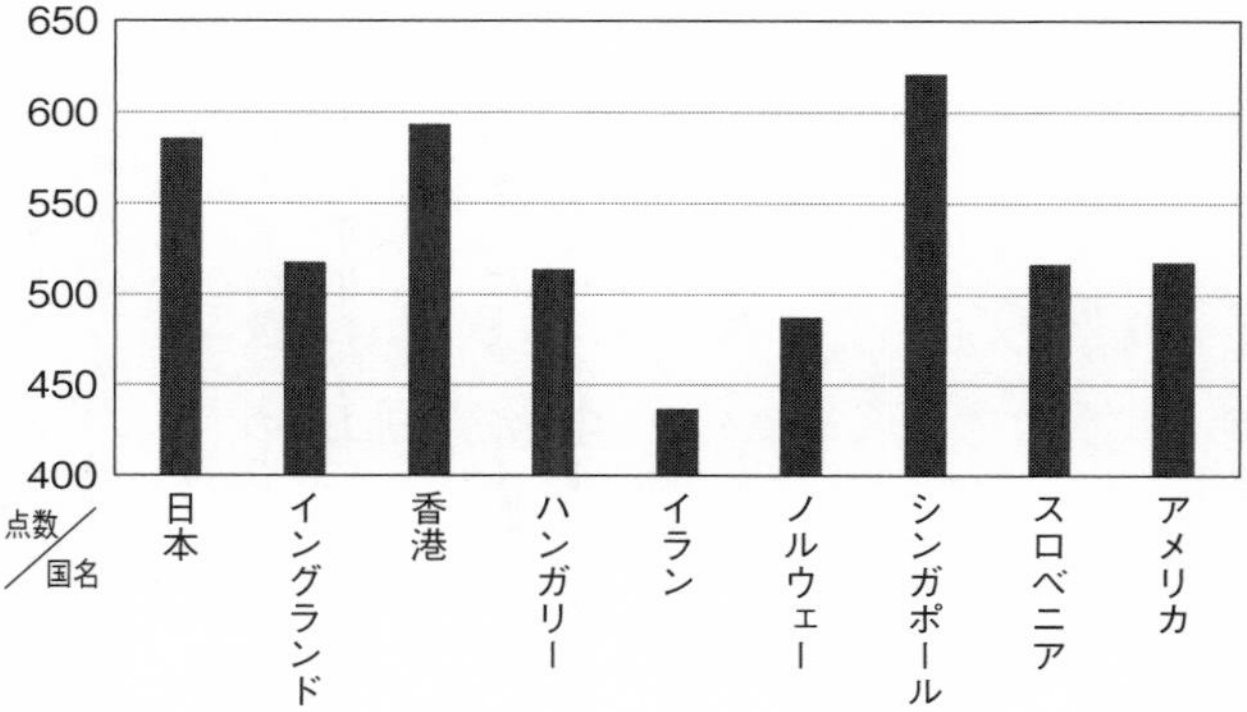

図2-9：算数・数学の成績
出所：ティムズ2015年

小学1年生から3年生の通塾率は、1993年に14・6%でしたが、2007年に18・9%に上昇しています。この通塾率の増加は、「ゆとり教育で学力が下がった」という神話によって保護者が不安になったことの結果かもしれません。

しかし、通塾率が上昇したにもかかわらず、ティムズの数学の点数は1995年と2007年でほぼ同じです。この結果も、塾通いが小学4年生の学力に対して決定的な影響を与えているわけではないことを示唆しています。

もちろん私たちも、塾通いが日本の子どもたちの学力にまったく影響していないと考えているわけではありません。塾通いは、日本の子どもたちが小学4年生時点で既に身につけている高い学力を維持するのに、きっと貢献しているだろうと思います。しかし、小学4年生時点での高い学力を塾通いによって説明することは難しいと、私たちは考えています。

通説9　授業が古臭い

では、何が日本の子どもたちの高い学力の主因なのか？　非常に面白い問いですが、残念ながら、日本の教育研究者はこの問いを十分に検討していません。彼らは概ね、日本の教育をダメだという前提で研究をしているので、日本の教育のうまくいっている部分を見ようとしません。ですから、「日本の子どもたちは、なぜ学力が高いのか？」という問い自体を思いつくことがないのです。日本の教育研究者も、最近ピザなどのデータをだんだんと使うようになってきてはいますが、日本の教育がダメだと言うために、様々あるデータを恣意的に選択して使っているように見える場合すらあります。

ただ、海外の研究者の中には、日本の高い学力の原因を真摯《しんし》に調べている人もいます。例えば、アメリカの教育研究者のジェームス・スティグラーがそうです。彼は、日本の小中学校とアメリカの小中学校を丹念に比較する研究をしています。その研究成果は、1990年代に、『学びの差異』『教えの差異』という2冊の本にまとめられています。これらの原題は、それぞれ *The Learning Gap* と *The Teaching Gap* と言います。この2冊は、ほとんどの教育研究者がその名前を知っているベストセラーです。

ところで、『学びの差異』『教えの差異』の「差異」が何と何の差異かと言えば、日本とアメリカの差異です。スティグラーはアメリカの教育が子どもたちに高い学力をつけさせることに成功していないことを問題視し、それに成功している日本に学ぼうとしているのです。

スティグラーは、日本の高い学力が、主に教育に対する信念と先生たちの教え方によってもたらされていると考えています。まず、教育に対する信念について説明しましょう。

日本では、学力を決める要素としてより重要なのは、才能よりも努力だと一般に考えられています。一方アメリカでは、努力よりも才能だとされています。このような信念の違いは、子どもたちの行動の違いとなって現れます。

例えば、あなたがテストで悪い点を取ったとしましょう。もし、学力を決める要素として、才能よりも努力のほうが重要だと信じているなら、あなたはテスト結果を自分の努力不足として解釈します。こう解釈した場合、あなたは次回のテストに周到な準備をして臨むでしょう。

一方、もしあなたが、学力を決める要素として、努力よりも才能のほうが重要だと信じているなら、テストの結果を才能の欠如として解釈します。そうすると、次のテストに向けて周到な準備をするという行動にはつながりにくいでしょう。このように、努力が重要だという信念は、学力を高めるために意味のある行動につながるのです。

†日本の授業の質の高さ

次に、先生たちの教え方について説明しましょう。スティグラーは中学校の数学の授業をビデオによって記録・観察し、日本の先生たちの教え方がアメリカやドイツと異なっていることを発見しました。スティグラーは、日本の先生たちが、より多くの時間を子どもたちに与え、数学の別解（別の解答法）について発表させていることを報告しています。別解を考えることは物事を別の角度から見る訓練ですので、これは発見的・思考的な課題と言えます。

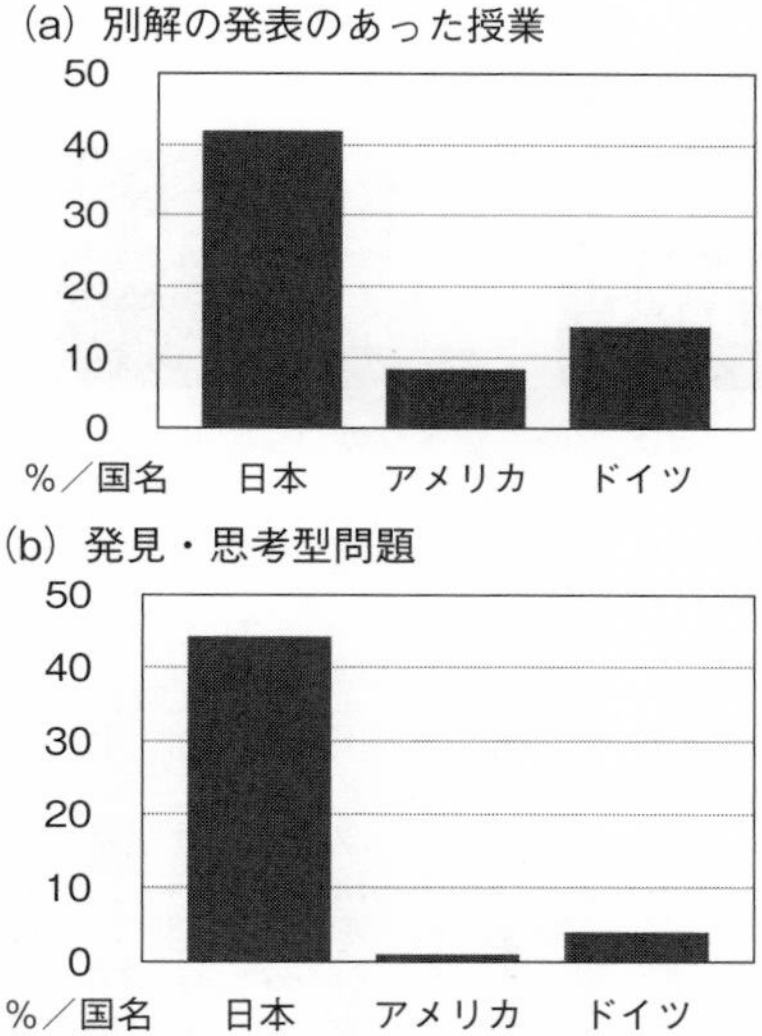

図2-10：(a) 別解の発表が含まれる授業の割合（総授業数に対する）、(b) 子どもたちに与えられる課題のうち発見・思考型問題の割合

出所：Stigler1999、69〜71頁

図2−10(a)は、別解についての発表が含まれていた授業の割合（総授業数に対する）を示しています。日本はこの割合が42％であるのに対し、アメリカとドイツはそれぞれ8％と14％でした。

同様にスティグラーは、日本の先生が子どもたちに、単純な練習・応用問題よりも、

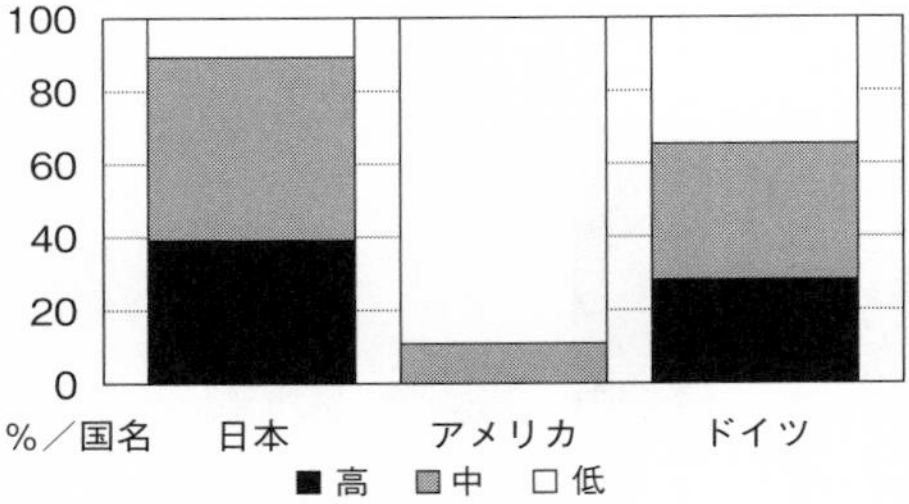

図 2-11：国ごとの授業の質の比較
出所：Stigler1999、65 頁

発見・思考型の問題を与える傾向にあることを報告しています。図2-10(b)は子どもたちに与えられた課題のうち、どれだけが発見・思考型問題であったのかを示しています。日本は、発見・思考型が44%であったのに対し、アメリカとドイツはそれぞれ1%と4%でした。

日本の学校教育はしばしば、創造性を育まないからダメだと言われますが、スティグラーが実際にきちんと調査をしてみると、発見・思考型の課題が使われていて、創造性を育む教育が行われていました。

さらに、スティグラーは授業の質についての評価も行っています。彼は「高度な数学の習得が目標とされているか、目標達成のために適切な授業方法・内容となっているか」という基準で評価しています。もちろんこの評価はある程度主観的なものにならざるを得ません。それでも、この評価は、十分に経験を積んだ数学者と数学教師のチームによって行われているため、評価結果に一定の信頼性があります。スティグラーによれば、日本の数学の授業は、アメリカとドイツに比べてずっと質が高いようです。質が高いとされる授業の割合は、日本が39％であるのに対し、アメリカは０％、ドイツは28％でした（図2-11）。

１つ補足ですが、このスティグラーが使った授業のビデオは、1994年から1995年に撮られたものです。けっこう昔ですね。1990年代以降、日本は学校教育に対する改革を多数行ってきました。2000年代にはゆとり教育が本格的に導入され、2020年にも「アクティブラーニング」の導入を含め、再度教育改革が行われました。どちらの教育改革も、これまでの学校教育が知識偏重だったという反省から、より創造性を伸ばす教育へと移行することを目指したものです。

しかし、スティグラーによれば、1990年代の日本の学校教育も、少なくともアメリカやドイツに比べれば創造性を伸ばす教育だったことになります。2000年以降の教育改革を準備した方々は、このスティグラーの本を読んでいなかったのでしょうか？

†見た目に騙されてはいけない

日本のかつての教育が創造性を伸ばすものであったことを、ピアックのデータも傍証しています。ピアックとは大人のためのピザでしたね。大人を対象として、知識を創造的に使えるのかを調査しています。もし旧来の教育が創造性を伸ばすものでなかったとするならば、その教育を受けた世代の日本のピアックの点数は低いはずです。しかし、現実にはそうなってはいません。

図2‐12を見てください。この図には、ピアック（2011〜16年に実施）を受けたときに45歳から54歳だった世代の数理的能力と読解力の点数が示してあります。日本は世界一です。この世代は、「新しい学力観」が提示される1980年代末より前の教育を受けています。それにもかかわらず、少なくともピアックで計測される創造性に関しては参加38カ国中で1位なのです。

なるほど、旧来の日本の授業は一斉授業だったし、先生が授業をリードしていたかもしれません。見た目は古臭いかもしれません。ですが、スティグラーの調査やピアックの結果からすると、どうやらこの古臭く見える教育は子どもたちの創造性を育むことに成功していたようなのです。

ここから学ぶべき教訓は、見た目に騙されてはいけないということかもしれません。私たちは大丈夫でしょうか？　いま、アクティブラーニングが導入されつつあります。子どもたちが授業を受動的に聴くのではなく、自ら活動することを通じてアクティブに学ぶ。子どもたちが自ら活動することで、見た目だけでなく、子どもたちの頭の中もちゃんと「アクティブ」になる保証はあるのでしょうか？　スティグラーの調査結果

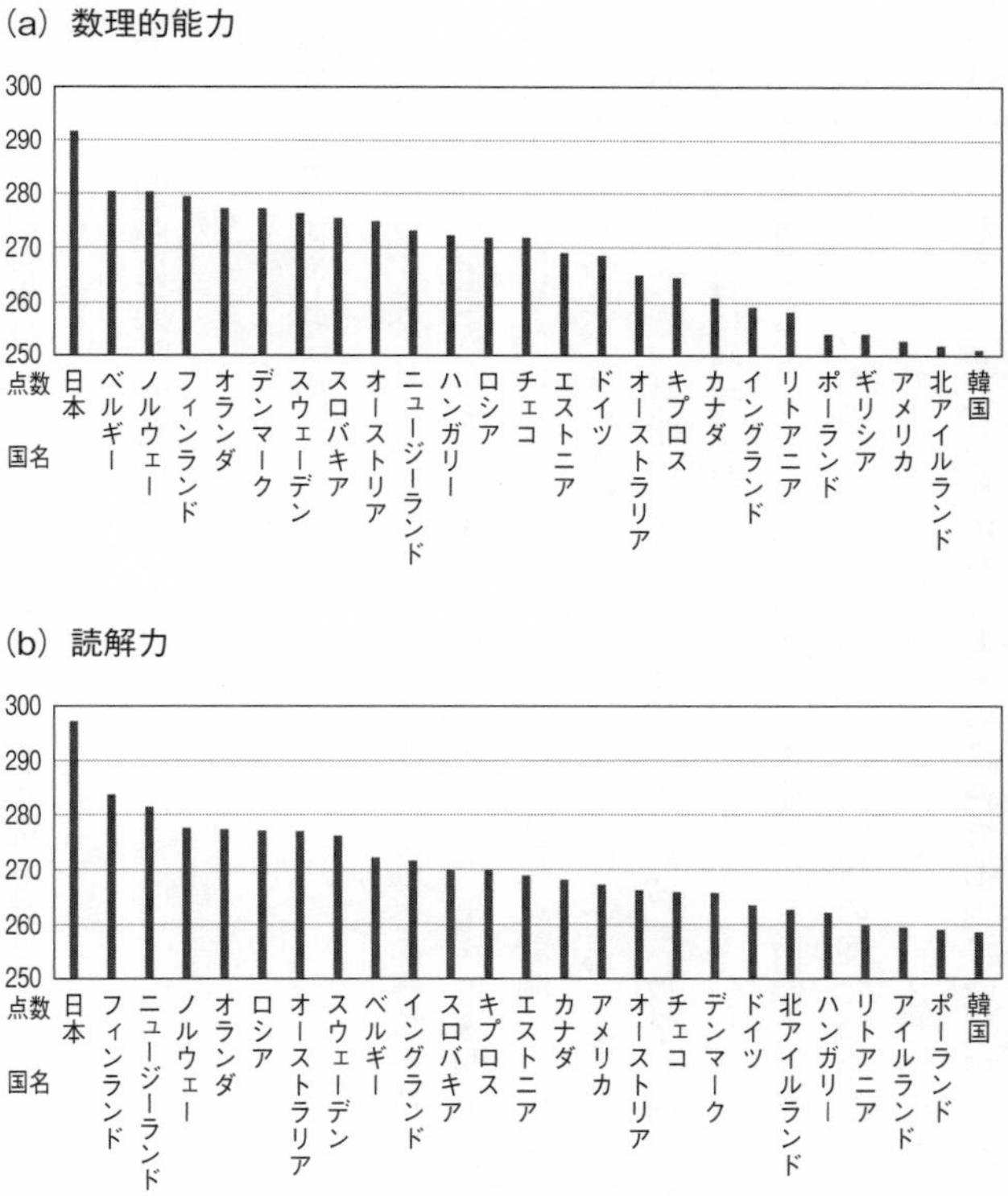

図 2-12：45 歳から 54 歳の能力
出所：ピアック 2011 年〜2016 年

やピアックの結果は、こうした問いを私たちに突きつけているように感じられます。

通説10 勉強に興味がない

†興味と学力は両立しづらい

次に考えるのは、日本の子どもたちは本当に勉強への興味を持っていないかどうかです。実は、日本の子どもたちの興味の低さは、ピザのデータにも明瞭に見て取れます。

2012年のピザは、子どもたちの数学への興味を計測しています。計測のために、ピザは子どもたちに、次の4つの文章への賛否を問うています。その文章とは、「数学の本を読むのが楽しい」「数学の授業を楽しみにしている」「数学が面白いから勉強している」「数学の勉強内容に興味を持っている」の4つです。それらへの子どもの賛否をもとにして、参加各国の子どもたちの興味の度合いを比較する指標を計算しています。

図2－13(a)に、各国の子どもたちの数学への興味の度合いを示しました。日本はデータのある39カ国中36位です。ひどい結果ですね。「こういう興味の低い子どもたちを教えるのは、実に大変で、著者の私たちも大学の講義で困っています」という話だったらわかり

やすいのですが、もう少しデータを丹念に見てみると、少し違う話になってきます。

図2－13(b)を見てください。これは数学の学力を示したものです。これを見ると、興味のランキングで上位に来る国は、概ね学力が低いのです。上位6位までの国は、いずれも学力がOECD平均の500点を大幅に下回っています。つまり、興味と学力は両立しがたいということです。もちろん、子ども一人ひとりを見れば、興味と学力が両立することはあります。目を輝かせて授業を聴いてくれる子は、学力も高い傾向にあるでしょう。けれども国レベルで見ると、興味と学力は両立しがたいことが、図2－13からわかります。

なぜ、興味と学力は両立しがたいのか。私たちの考えはこうです。子どもの興味に合わせた授業をしようとすると、簡単なことしか教えられなくなります。なぜなら、人が興味を持てる事柄というのは、今の自分の考えの枠組みで理解できることだけだからです。今の自分の考えの枠組みで理解できない事柄には、人はなかなか興味を持つことができません。

そのような事柄を学ぶためには、何らかの強制力が必要です。その事柄に対して、無理やり向き合う機会を与えられて、ようやく理解した後に、初めてその事柄がなぜ大事か、どこが面白いかがわかるのです。

例えば、数学の微積分に最初から興味を持つ子どもというのは、ほとんどいないと思い

(a) 興味

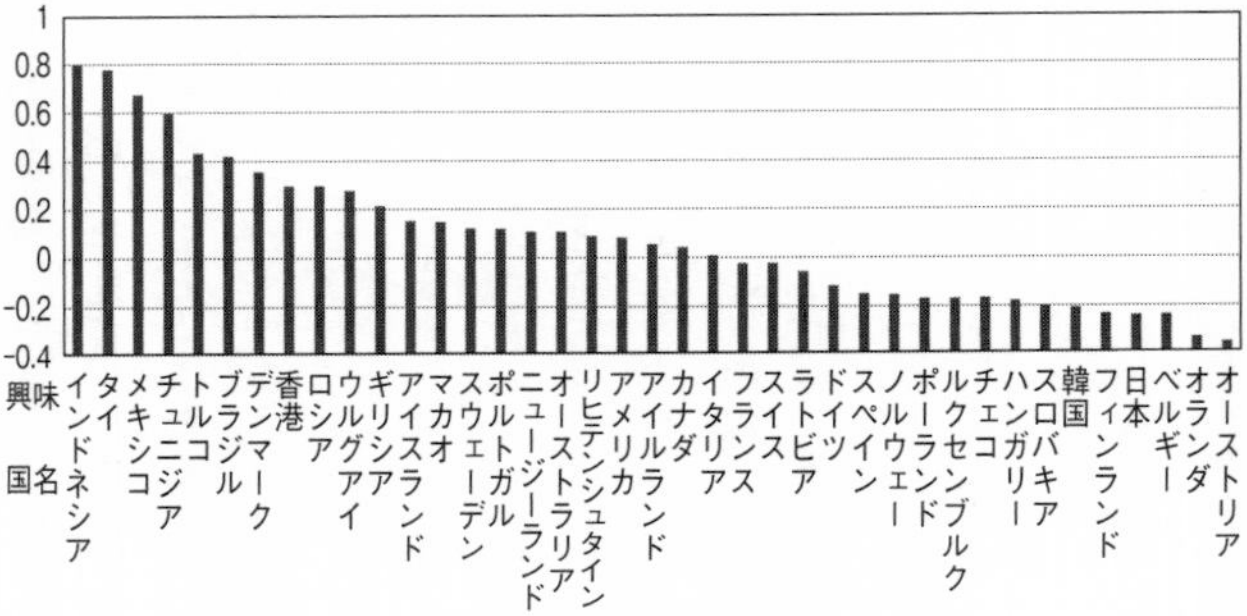

(b) 学力

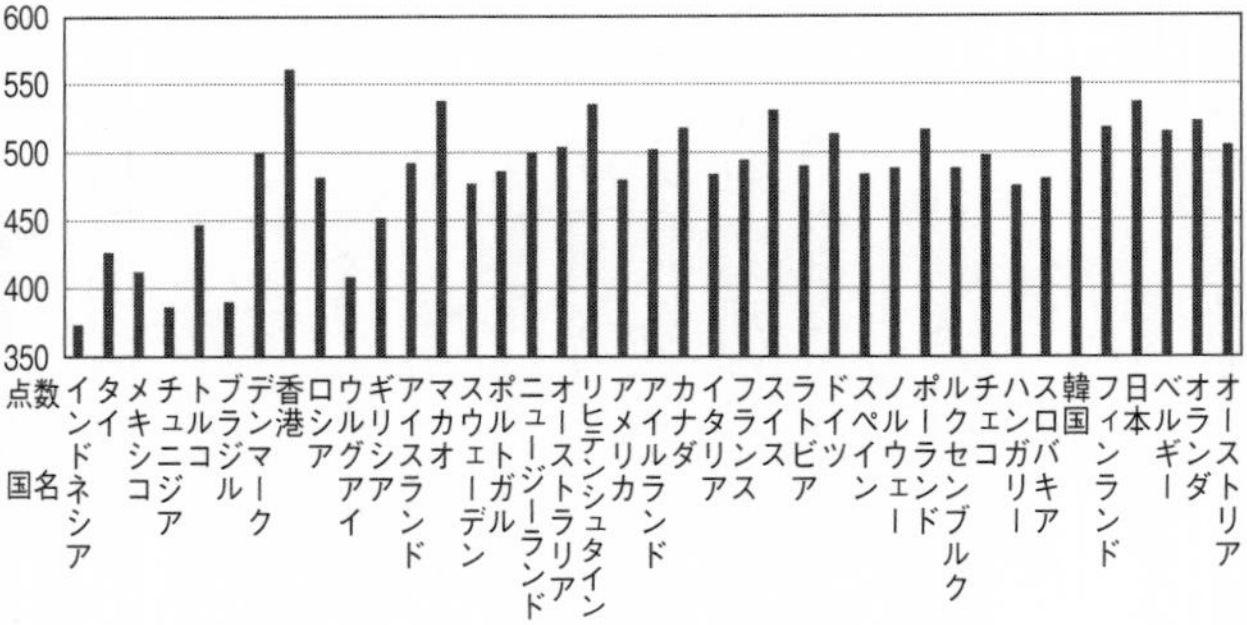

図 2-13：(a) 数学に対する興味（数値が大きいほうが興味が強く、OECD 諸国の平均が 0 となる指標）、(b) 数学の学力（点数）
出所：ピザ 2012 年

ます。しかし、微積分の問題をわからないなりにたくさん解いて、使いこなせるようになると、ある時ふと微積分がどう面白いのかがわかる。そういうことはあり得ます。

もしかしたら、数学よりも芸事《げいごと》の例のほうがわかりやすいかもしれません。著者の1人（小松）はオーボエという木管楽器を演奏するのですが、楽器演奏で欠かせないのが音階練習です。楽器を始めたばかりの頃は、それが何のためにあるのか理解してやっていたわけではありません。ただ教則本に書いてあるから、先輩がやっているから、先生が大事だと言うからやっていたに過ぎません。ですが、音階練習を続けていると、音と音との正しい間隔、滑らかなつながりという感覚が知らず知らずのうちに養われてきます。

そして数年が経ったときに、初心者の頃は、音程が悪いとか、音楽が流れないという感覚すらなかったことに気づきます。音階練習がなぜ必要かは、それを続けてある程度時間が経った後にしかわからないのです。この点については、教育について多く発言をされている哲学者の内田樹《たつる》氏が、『街場の教育論』（ミシマ社）、『先生はえらい』（ちくまプリマー新書）などで繰り返し論じています。

†学びに必要な強制力

以上の例が教えてくれることは、生徒の興味だけに頼っていては学べないことがあるということです。学びには、何らかの強制力が必要なことがほとんどです。もちろん、生徒がそれを強制と感じるかどうかは、色々な場合があるでしょうが。ですから、学校での学びにおいても、授業内容に興味が持てなかったとしても、とにかく授業をサボらずに受け続けるという態度を可能にする場が必要です。

実際ピザデータによると、学力が高い国は、いずれも学校の授業をサボる子どもの数が少ないのです。学校や授業をサボる子どもの割合は、図2-13の学力上位5カ国（香港、韓国、マカオ、日本、リヒテンシュタイン）ではいずれも10％以下です。一方、学力が6位以下の国で、学校をサボる子どもの割合が10％以下の国は1つもありません。このデータは、やはり学びには強制力が必要であることを示唆しています。

以上のように考えると、日本の子どもたちが勉強にあまり興味を持っていないことが本当に問題なのかどうか、わからなくなってきます。もちろん、学力の高い国の中にも、勉強への興味が比較的高いところもあります。例えば香港がそうです。ですから、日本の子どもたちの興味をいくらか高めることは可能かもしれませんし、そのために工夫をしていくことには反対ではありません。しかしその一方で、子どもたちの興味ばかりを考えて教育を行うことは、子どもたちの学びをかえって損なってしまう可能性があることを理解しておく必要があるように思います。

通説11　自分に自信が持てない

†自信がなければダメなのか？

次に、自信についてはどうでしょう？　日本の子どもたちは学力が高いけれども、自分に自信を持てないでいるのではないかという問題です。もしかしたら、自信がないのは子どもに限った話ではなく、日本人全体に当てはまる話かもしれません。ですが、ここではひとまず子どもに話を限定して、データを見ていきましょう。

やはりデータで見ても、日本の子どもたちは自分に自信が持てない傾向にあります。図2‐14(a)は2011年のティムズの結果で、子どもたちがどの程度数学に自信を持っているかを示しています。日本の中学2年生のうち、「数学に自信がある」と答えたのは、わずか2％でした。2％というのは、図2‐14(a)に示した先進国14カ国の中で最低です。先進国だけに限らず、ティムズの参加42カ国の中でもタイと並んで最低です。アメリカは24％ですから、日本とは格が違います。「ああ、日本はダメだ」とますます自信をなくしてしまいそうです。

ですが、ちょっと待ってください。自信がないことはあらゆる意味でダメなのでしょうか？　自信があるほうがいい場面があるのはわかりますが、「自信過剰」という言葉があるように、自信があることが必ずしもプラスに働かない場面もあるはずです。

実際、日本だけでなく東アジア諸国では一般に、自信がある子どもの割合は低く（図2-14(a)）、その一方で学力は高い傾向にあります（2-14(b)）。この2つの現象は関係していないでしょうか？　つまり、自分に自信を持つのではなく、批判的な目を向け続けることが、自分を高めることに貢献しているという可能性はないでしょうか？

この可能性を支持する実験があります。その1つは、先述のアメリカ人教育研究者スティグラーによるもので、『学びの差異』の中に紹介されています。スティグラーは、日本の子どもたちとアメリカの子どもたちの頑張る力を比較しようとして、決して解けない算数の問題を与えました。日本の子どもたちとアメリカの子どもたちが、この解けない問題に何分間取り組み続けるかを見ることで、子どもたちの頑張る力を計測しようとしました。ところがスティグラーは、この実験を途中で放棄しなくてはなりませんでした。なぜか？　実験をしてみたら、日本の子どもたちが、問題を解くことをあきらめず、ずっと取り組み続けたからです。

もう1つの実験は、アメリカの心理学者スティーブン・ハイナたちの研究グループによ

(a) 数学に自信がある

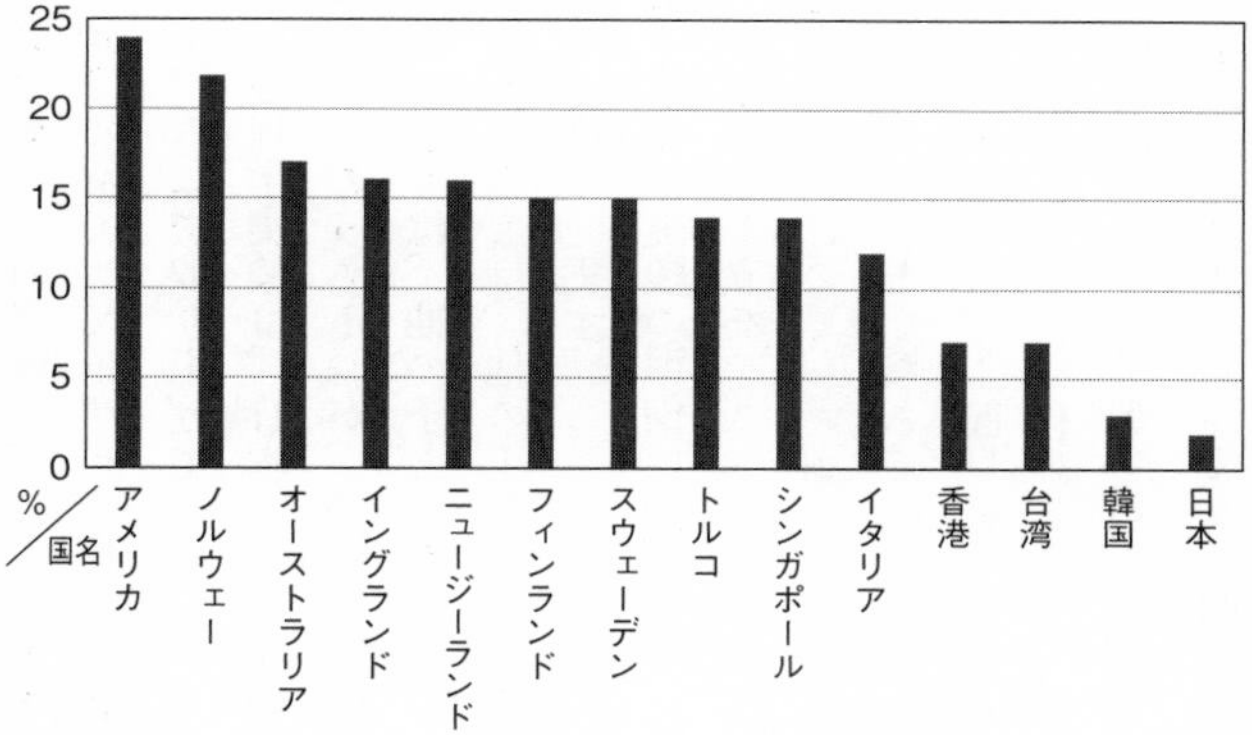

(b) 数学の学力

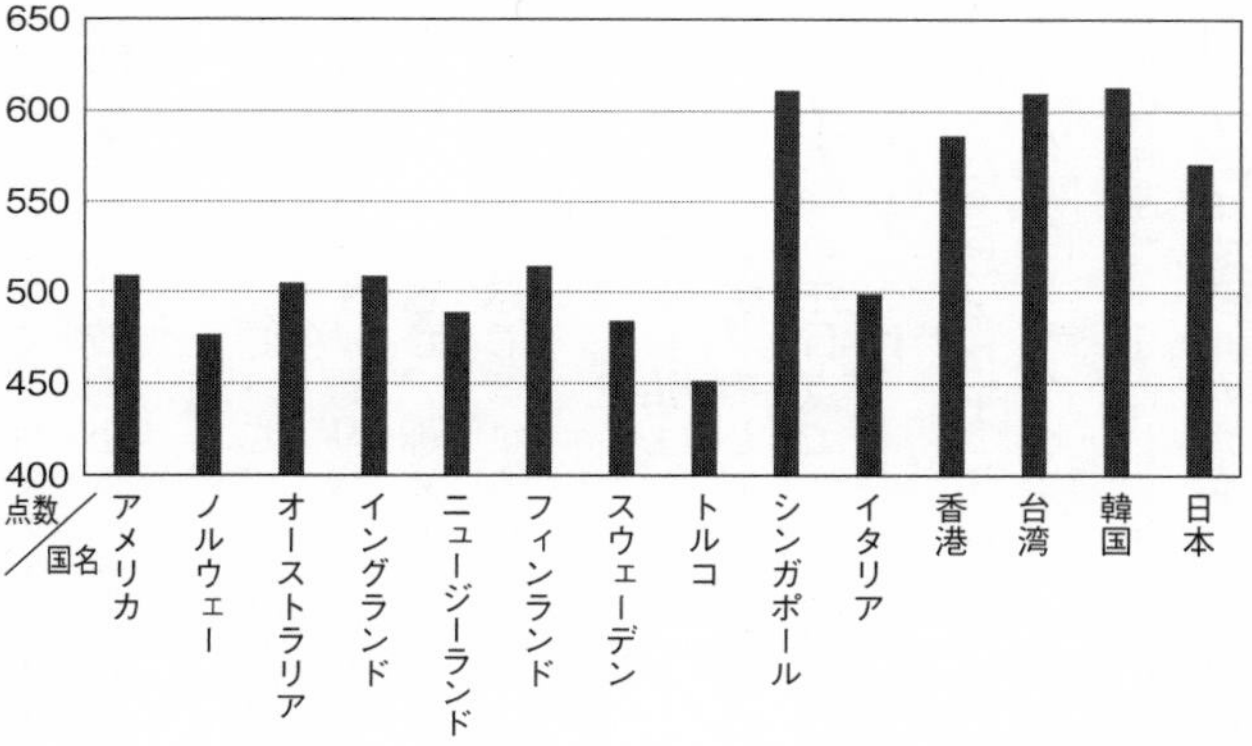

図 2-14：(a) 数学に自信があると答えた中学２年生の割合、(b) 数学の学力（平均点）
出所：ティムズ 2011 年

るものです。この実験は、日本人とアメリカ人の比較ではなく、日本人とカナダ人の比較ですが、アメリカ人とカナダ人の文化的・心理的な違いは比較的小さいことがわかっているので、ここで取り上げてみましょう。

この心理学実験は、日本とカナダの子どもたちを対象としていて、難易度の異なる2種類のテストのうち1つが、それぞれの子どもに与えられます。難易度の高いテストを受け取った子どもは、他の子どもたちよりも出来が悪かったと感じ、難易度の低いテストを受け取った子どもは、他の子どもたちより出来が良かったと感じるように、この心理学実験は構成されています。

ここまでは実験の準備に過ぎません。本当の実験はここから始まります。子どもたちには、再び同じようなテストを受けるチャンスが与えられます。そして、2回目のテストで子どもたちがどのくらい頑張ったかが、この心理学実験の注目点です。面白いことに、日本とカナダの子どもたちでは、異なった結果が得られたのです。

日本の子どもは、1回目のテストで出来が悪かったと思った子どものほうが（つまり1回目で難易度の高いテストを受けた子どものほうが）、2回目のテストに長い時間取り組む傾向が認められました。カナダの子どもは、その逆の結果で、1回目の出来が悪かったと思った子どものほうが（つまり1回目で難易度の高いテストを受けた子どものほうが）、2回目のテストに短い時間しか取り組まない傾向が認められました。

つまり、こういうことです。日本の子どもたちは、自分が失敗したと感じると、より一層頑張る傾向にある。一方で、カナダの子どもたちは、自分が失敗したと感じると、頑張らなくなる傾向にある。失敗というのが自信を失う経験だということを考えれば、日本の子どもたちは、自信を持てないときにより一層頑張ることができるということです。この心理学実験の結果は、日本の子どもたちに対して、自信を持たないことがプラスに働いている可能性を示しています。

†「自己」認識の違い

以上の2つの実験に見られた日本人とアメリカ人・カナダ人の違いは、おそらく「自己」というものの捉え方の違いに関係しています。日本人の多くは、「自己」は変化するものだと考えています。つまり、生まれつき一定の傾向があるとしても、「自己」は努力や経験によって変えることができると信じられています。そうすると、事の成否は生来の能力だけでなく、努力によって大きく左右されると考えられることになります。ですから、日本人は失敗を「努力によって自己を変えていく機会」と捉え、より一層頑張ることができます。

これに対して、アメリカ人・カナダ人の多くは、「自己」を固定的なものと考える傾向があります。彼らは「自己」が経験によってあまり変化しないと考えるため、事の成否は、生来の能力によって強く規定されると解釈します。すると、失敗というのは「生来の能力の欠如」を意味することになりますから、失敗したときにより頑張るという選択をしにくくなります。

最近では、アメリカ・カナダでも固定的な自己の捉え方に対する反省が始まっており、自己が変化するというイメージが人の成長のために重要であることが理解され始めています。象徴的なのは、その重要性を訴えたキャロル・ドゥウェックの『マインドセット――成功のための新しい心理学』という2006年出版の本が、アメリカ・カナダを含む英語圏でベストセラーになったことです。

今、アマゾンでチェックしてみましたが、この本には6673ものレビューがあり、平均評点は4・6でした。後に出版された改訂版に対しても、644のレビューが存在します。さらに面白いことに、ドゥウェックの『マインドセット』が2016年に和訳された際に、邦訳の題名が『マインドセット――「やればできる!」の研究』となっているのです。「やればできる!」って、日本の小中学校でずっと言われ続けてきた言葉ですね。こういう言葉を、英語圏のベストセラーの訳書に見出すことは、以前では考えにくいことでした。

ここで、もう一度考えてみてください。自信のない日本人はダメなのでしょうか？　自信がない日本人もわりと悪くないと、自信が湧いてきたりしませんでしょうか？　自信が湧かないにしても、自信がない日本人にも良いところがある、というくらいの認識にはなりませんでしょうか？

†キリスト教の「自己」

ここまで、日本人とアメリカ人・カナダ人の間に、自己の捉え方の違いがあることを説明しましたが、この違いはどこから来たのでしょうか？　それを考えるに当たって、どうしてもキリスト教のことを考えずにはおれません。キリスト教には「予定説」というものがあります。これは「神に救済される人間があらかじめ決まっている」という考え方です。つまり、善行を積んでも、神に祈っても、そんなことは救済には関係がないというというのです。大学で文科系だった方は、もしかしたら、マックス・ウェーバーの『プロテスタンティズムの倫理と資本主義の精神』で「予定説」について議論されていたのを覚えていらっしゃるかもしれませんね。

ともあれ、この予定説の考え方は、自己を固定的なものと捉える考え方に通じる部分があります。神に救済されるかどうかは「あらかじめ決まっている」のですから。このように自己を固定的に見る考え方は、さらに古くギリシア哲学（特にアリストテレス哲学）にまでさかのぼることができます。アリストテレス哲学では、魂は不滅だとされています。つまり、自己の中に固定的な何かがあると考えているのです。そして、キリスト教は、中世の神学者トマス・アクィナスを通じてアリストテレス哲学を継承しました。

もちろん、予定説はキリスト教のすべての教派で受け入れられているわけではありませんが、プロテスタントの多くの教派は受け入れています。そして、プロテスタントはアメリカの最大の宗教ですし、カナダでも、カトリックとともに多くの人が信仰しています。

なお、この予定説に通じる考え方は、ヨーロッパに起源を持つ近代教育の中に脈々と流れています。ジャン・ジャック・ルソーは近代教育の始祖の1人とされます。日本でルソーと言えば、社会の授業で習う『社会契約論』がまず浮かぶかと思いますが、実は『エミール』という著作で、教育論も展開しています。

『エミール』で特に面白いのは、「教育において重要なのは、子どもを周囲の悪影響から守ることだ」とされている点です。周囲の悪影響から守ってやれば、子どもというのは、蒔いた種がやがて大きな木になるように、自然に成長すると考えられています。

ここでも、種から大きな木に至るまでの一貫性が仮定されています。成長の過程で変化があるのだとしても、その変化はあらかじめ種にプログラム化されていたものとされています。その意味で、人間の成長には一貫性があり、その一貫性は予定説とも相通じるところがあります。

予定説は、日本で人間形成を行った多くの人にとっては、簡単に受け入れられるものではありません。日本文化の形成に大きく影響を与えてきた（大乗）仏教では、人が悟りに達するためには修行が必要ということになっています。あらかじめ悟りに達する人と達しない人が決まっているのではなく、各人の修行などの行いが悟りに達するか否かに影響すると考えます。つまり、人間は自らの行いによって、自己を変えていくと考えられているわけです。

もちろん、日本人のほとんどは仏教の修行などとは無縁の生活を送っていますが、それでも、以上のような仏教における自己の捉え方とまったく関係がないわけではありません。

日本人の心の問題を深く追求した河合《かわい》隼雄《はやお》という臨床心理学者がいます。彼は科学に傾倒して若い日々を過ごしましたが、最終的には仏教に至ります。河合は欧米での留学経験から、彼《か》の地で発達した心理学が日本人の心を考える上で必ずしも有効ではないことを痛感し、その背景に欧米と日本の「自己」の捉え方の違いがあると考えます。

そして、日本人の心の問題を解くために有効なものがないか探したとき、仏教を発見します。このことは、私たちがいかに仏教と無縁の生活を送っていようとも文化的・歴史的影響を免れず、仏教的であることを示唆しています。日本人が仏教的であるという見解は、河合隼雄だけでなく、海外の多くの研究者によっても指摘されています（例えばカスリス2016）。

通説12　学校が楽しくない

†日本の子どもは学校を楽しんでいる

前節で、私たち著者は、自信のない日本の子どもたちが本当に問題なのか、再考する必要があると指摘しました。それでも、次のような反論もあるかと思います。「自信のなさは学力向上に役立つ一方で、自己を確立できていない日本の子どもたちは学校生活を楽しむことができていない。そして、そのことが日本の子どもたちがしばしばいじめ・不登校・自殺の問題を抱える原因となる。だからやっぱり問題だ」という反論です。

でも、日本の子どもたちは本当に学校生活を楽しむことができていないのでしょうか？ピザは学校が楽しいかどうかも調べています。2012年のピザでは、15歳の子どもたちに「学校が楽しいか」を訊ねて、楽しいと答えた子どもの割合が報告されています。その結果を図2-15(a)に示しました。元のデータにはあまりに多くの国のデータが示されているので、OECD加盟国と東アジア諸国だけを示しています。

日本は39カ国中12位とまずまずです。アメリカは29位、教育で名高いフィンランドはなんと35位でした。日本の子どもたちは、わりと学校が楽しいようです。別の調査（国立青少年教育振興機構『高校生の勉強と生活に関する意識調査報告書』）でも、日本の子どもたちは、アメリカの子どもたちよりも、「学校が楽しい」と答える割合が高いという結果が出ています。

2015年のピザでも、関連した別の質問がありました。「自らを学校の一員と感じるか」という質問です。一員と感じる子どもの割合を示したのが、図2-15(b)です。日本の割合は82%で、39カ国中で上から数えて5番目です。つまり、日本の子どもの多くは、自分が学校の一員であると感じています。これらのデータからすると、日本の子どもたちは、全体として見れば学校生活を楽しんでいるようです。

「学校が楽しいか」と「自らを学校の一員と感じるか」という質問はともに、学校に対する肯定的な感覚の有無を子どもたちに訊ねています。では、学校に対する否定的な感覚の有無を訊いた場合はどうでしょうか？　先述の国立青少年教育振興機構の調査では、日本、

(a)「学校が楽しい」

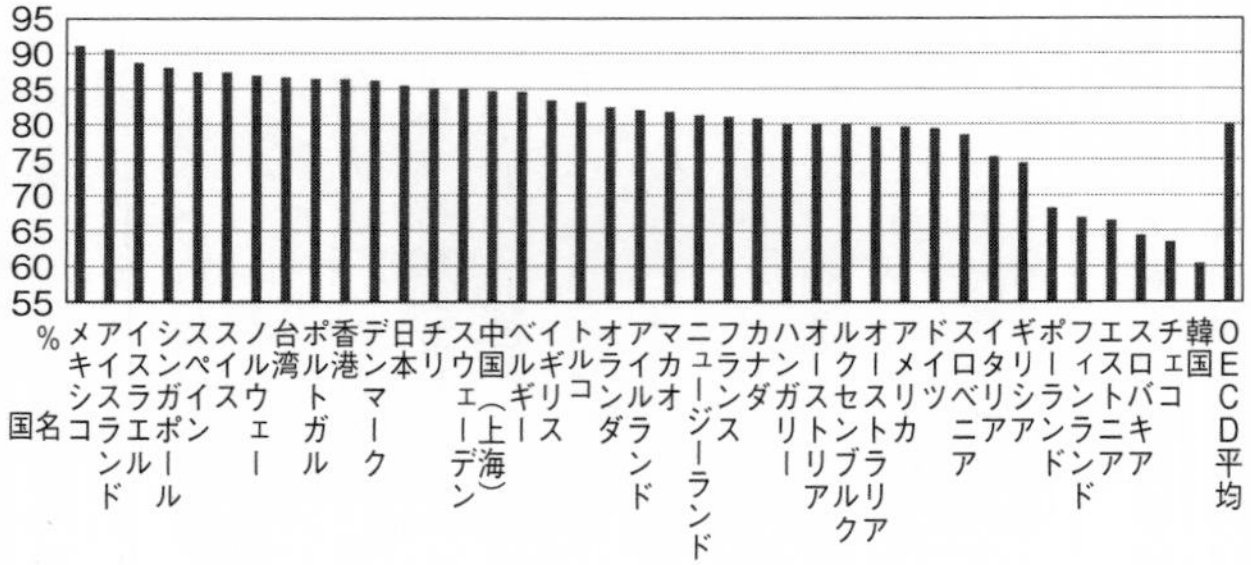

(b)「学校の一員と感じる」

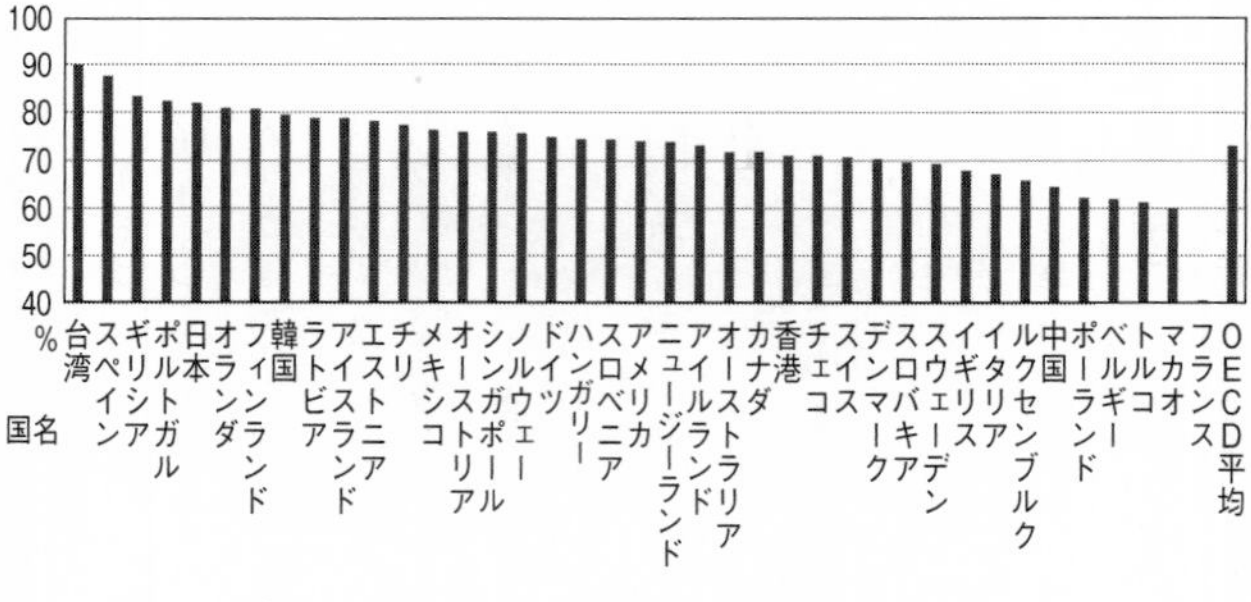

図 2-15：(a)「学校が楽しい」と答えた子どもの割合、(b)「学校の一員と感じる」と答えた子どもの割合

出所：(a) ピザ 2012 年、(b) ピザ 2015 年

アメリカ、中国、韓国の高校生に対して、「勉強が原因で学校を休みたいか、退学したいか」を訊ねていますので、その結果をお見せします（図2‐16）。

「学校を休みたい、退学したい」と答えた割合は、4カ国の中で日本が最低でした。「自己が確立されていて、自分に自信がある」とされるアメリカの割合は、どちらの質問項目についても、調査対象の4カ国中で最高でした。日本の子どもたちは、自分に自信を持っていないからといって、必ずしも不幸な学校生活を送っているというわけではなさそうです。

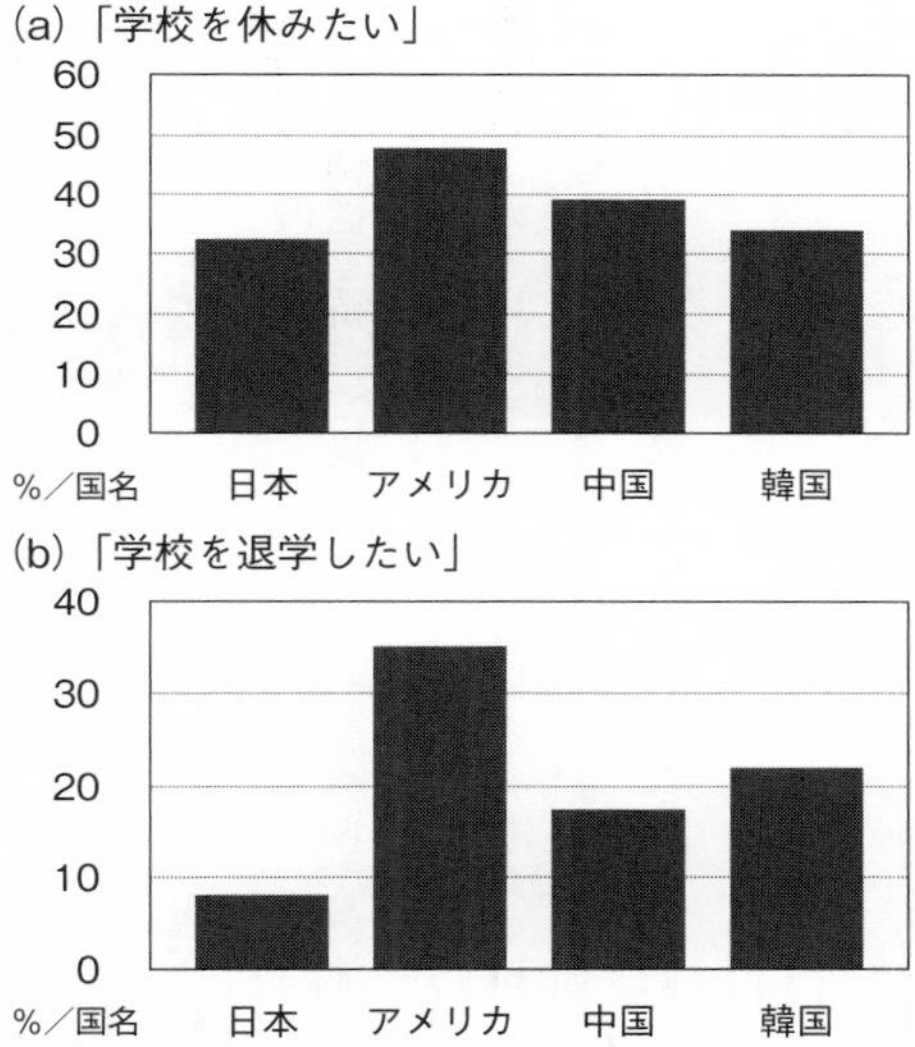

図2-16：学校に対する否定的な感覚の有無
出所：国立青少年教育振興機構 2017 より著者作成

　もちろん、日本の子どもたちが幸せでないというデータもないわけではありません。2015年のピザは、15歳の子どもたちに対して生活満足度調査を行っています。子どもたちに、自分の生活・人生にどのくらい満足しているかを訊ねたわけです。著者の私たち自身が、15歳のときに、「自分の生活・人生にどのくらい満足していますか？」と訊ねられても、要領を得た答えをできたかどうかわかりません。「まだ15歳だし、そんなことを訊かれても……」という感覚だったかもしれません。ですから、こういう質問に対する子どもたちの回答も、どこまで信頼性を持って扱っていいかわからない部分はあります。

生活満足度調査にはこのように不確実な部分もありますが、ともかくピザはこういう調査を行ったわけです。そして日本を含む東アジア諸国の子どもたちは、欧米諸国よりも生活満足度が低いという結果が得られました。それをもとに、ピザの実施主体であるOECDは、東アジア諸国は子どもたちの幸福度を上げる必要があると提言しています。

†「満足」って何？

ただ、もしかしたらこの結果は、調査方法が日本を含む東アジア諸国の生活実感に合致していないことによるものかもしれません。そもそも「自分の生活・人生にどのくらい満足していますか？」という質問は、少なくとも日本の子どもたちにとって、その意味するところを簡単に理解できるようなものではありません。たぶん、ピザに参加したほとんどの日本の子どもたちにとって、このような質問を受けるのは、生まれて初めてだと思われるからです。

加えて、私たち著者が経済的に比較的豊かな国のデータを解析したところ、この生活満足度は、個人主義の強い国において高い値が出る傾向が認められました。つまり、この生活満足度調査が、そもそも欧米圏の個人主義の国に向けて作られており、個人主義の比較的弱い国々（東アジア諸国など）に適用することが難しいのかもしれません。このような幸福の文化依存性については、私たちの共同研究者でもある京都大学・内田由紀子氏が深く検討しています（詳しくは内田由紀子2020）。

私たち著者は「幸福の文化依存性」を強調することで、「日本の子どもたちはやっぱり幸せなのだ」と強弁したいわけではありません。そうではなく、日本の子どもたちが幸せだというデータもあるし、そうではないというデータもあります。幸せかどうかは、観点によるのです。にもかかわらず、メディアの記事はしばしば、「日本の子どもたちが不幸せだ」という結果だけを取り上げて嘆いてみせます。さらに、教育研究者の中にも、一部のデータだけを取り上げて、日本の教育はこんなにダメだと言う方もいます。

しかし、そうやって一つの観点だけから物事を裁いてしまうことに、どれほどの意味があるのでしょうか？　それよりも、「この観点からは良い面があり、別の観点からは悪い面がある」というような、もう少し複雑な理解が必要なのではないか、というのが私たち著者の主張です。

通説13　いじめ・不登校・自殺が多い

†日本におけるいじめの実態

「日本の子どもたちが明らかに不幸ということではなくても、日本では子どものいじめ・不登校・自殺が大問題ではないか」と考える方もいるでしょう。もちろん大問題です。本書の著者の1人（小松）には小学生の娘がいますが、もし仮に娘が自殺でもしようものなら、私はもう生きていくことができないと思います。

ただ悲しいことに、いじめなどの問題が皆無な国などありません。もちろん大人は、いじめをゼロにするという理想を手放すべきではありませんが、現実的にできるのは、いじめ問題を相対的に小さくしていくことでしかないのです。理想を実現できていない現実をただ嘆くのではなく、理想に少しでも近づくための現実的な方策を見つけることは、大人の大切な役目です。そのための第1歩として、日本におけるいじめ・不登校・自殺の問題の大きさを、他国との比較から把握するのは決して無意味なことではありません。

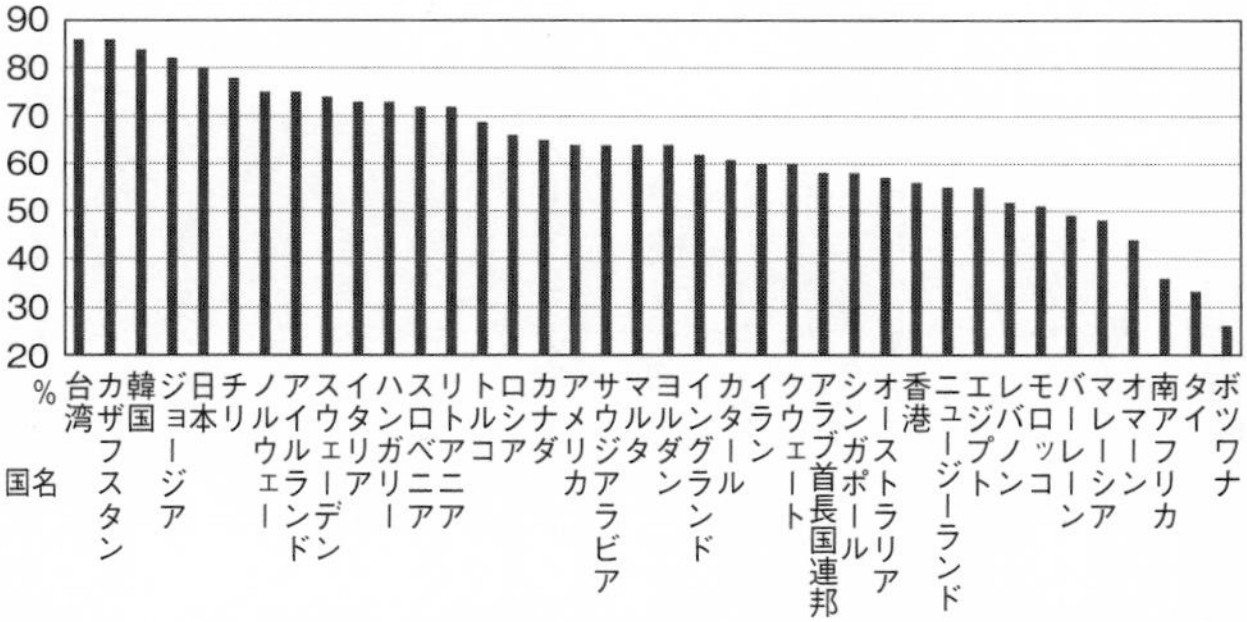

図2‐17：ほとんどいじめられたことのない子ども（中学２年生）の割合
出所：ティムズ2015年

いじめについては、ティムズもピザも調査を行っています。どちらでも基本的に同じような結果が出ているので、ここではティムズの結果のみを示しましょう。ティムズでは、どのくらいの頻度でいじめの行為が行われているかを子どもに訊ね、ほとんどいじめられたことのない子どもの割合を出しています（図2‐17）。

日本の中学2年生のうち、ほとんどいじめられたことのない子どもの割合は80％で、ティムズ参加38カ国中、上から5番目です。日本より上位に来ているのは、東アジアと東欧の国です。日本が手本にすることの多い西欧や北米大陸の国々は、日本より低い順位に甘んじています。

もちろん、こうしたいじめの国際比較がどの程度有効なものかについては、異論があると思います。著者の私たちも、国際的に共通な「いじめ」の基準が存在し得るのかについては疑問に思っています。ある国においていじめと見なされる行為が、別の国ではいじめと見なされない、などの問題があるからです。つまり、いじめというのは、算数・数学などよりもずっと文化依存性が高い問題なのです。今後、新たな基準が作られて、日本のいじめが国際的に見ても深刻だということになるかもしれません。それでも、今までに作られた国際基準からすると、日本のいじめの程度が相対的に小さいということは、認識されていいことのように思います。

†不登校とドロップアウト

次に不登校です。これは国際比較をするのがとても難しいのです。いじめよりももっと難しいかもしれません。なぜか？　そもそも「不登校」という概念自体がない国が多いからです。例えばアメリカがそうですし、西欧諸国の多くもそうでしょう。その代わりにこれらの国にあるのは、「ドロップアウト」という言葉です。

「不登校」と「ドロップアウト」は似ていますが、微妙に違います。「不登校」の子どもは、いつか学校に戻ってくることが期待されています。今は登校してはいないけれども、それでも学校という「システムの中」にいると仮定されています。だから、「登校していないだけ」という意味の「不登校」という言葉が使われているわけです。

一方、ドロップアウトの子どもは、「ドロップアウト」という言葉の通り、学校というシステムから既に「落ちて外に出てしまっている」ということです。なぜ日本は「不登校」という概念を持ち、欧米の多くの国は持たないのでしょうか？　それは日本が「すべての子どもが学校に来るべき」という理想を持っている一方で、欧米の多くの国は必ずしもこの理想を持っていないためです。

このように、不登校とドロップアウトは異なる概念ですから、単純に比較することはできません。ただそれらがともに学業の修了を妨げるという観点から見れば、不登校とドロップアウトを比較することはできます。つまり、日本には不登校という問題があり、欧米にはドロップアウトという問題があるが、日本と欧米のどちらにおいて、高校を卒業できない子どもの割合が高いか。こういう問題設定は可能です。

図2-18に高校卒業率（高校を卒業した子どもの数／本来高校を卒業するはずだった子どもの数）を国ごとに示しました。日本の高校卒業率は97・6％で、データのある31カ国中2位です。この卒業率は、例えばアメリカの85・0％よりずっと高いです。

もちろん、日本は子どもたちをできるだけ留年させず、卒業させようとしますから、高校卒業率を比べても意味がないのではないか、という批判は当然あり得るでしょう。ですが、仮に日本が、不登校の子どもたちが卒業できないような措置をとったとしても、日本

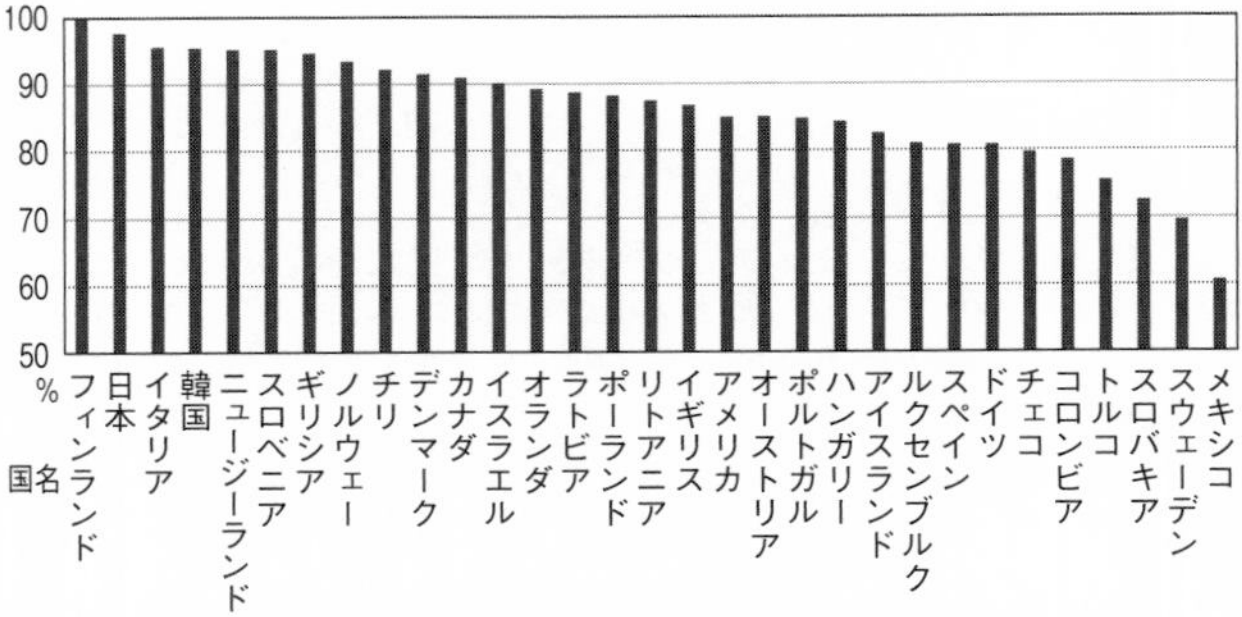

図2-18：高校卒業率（高校を卒業した子どもの数／本来高校を卒業するはずだった子どもの数）
出所：OECD Statistics2017

の高校卒業率は依然として高い水準にあります。

日本における不登校（病気や経済的理由以外で年間30日以上欠席）の割合は、２０１８年の統計によると、小学校で０・７％、中学校で３・６％、高校で１・６％です（文部科学省「児童生徒の問題行動・不登校等生徒指導上の諸課題に関する調査結果について」）。したがって、仮に不登校の子ども全員が卒業できなかったとしても、高校卒業率は最低でも96・０％で、依然として図２-18の31ヵ国中２位です。

次に、仮に高校の不登校の割合が、中学校の割合である３・６％になってしまったとしましょう。そして、不登校の子どもたちが卒業できなかったとしても日本の高校卒業率は31ヵ国中７位で、依然として高い水準にあります。この簡単な計算からわかることは、不登校というのは当人・保護者・学校のいずれにとっても困難な問題ではありますが、学業の修了という観点からすると、欧米諸国のドロップアウトよりも、問題の程度が相対的に小さいということです。

もちろん、私たち著者も不登校が問題だと思っていないわけではありません。日本には「すべての子どもが学校に来るべき」という前提があるために、不登校の子どもは、欧米のドロップアウトの子どもたちよりも、よりいっそう精神的にきついかもしれません。実は、これは他人事ではないのです。著者の1人（小松）は小学校高学年から中学校にかけて、不登校気味でした。この期間、「病気や経済的理由以外で年間30日以上欠席」という不登校の基準を概ね満たしていたかと思います。そのときの嫌な感覚は今でもよく覚えています。この感覚を忘れられるのは、司馬遼太郎の歴史小説を読むときくらいでした。

もし「すべての子どもが学校に来るべき」という前提が日本に存在しなければ、私ももっと楽に過ごせたかもしれません。その一方で、もしこの前提がなかったら、欠席日数は年間30日程度では済まず、まったく学校に行かなくなっていたかもしれません。ですので、不登校の子どもたちにとって、「すべての子どもが学校に来るべき」という理想の功罪は簡単には決められないように思っています。

†若者の自殺率

さて、いじめと不登校について見てきましたが、最後に自殺についても見ておきます。日本では、いじめなどが原因で自殺をする子どものニュースがときどき報道されます。保護者の方々、先生方は、そのたびに心を痛めているかと思います。一方で、子どもの自殺というのは、日本に限った話ではありません。非常に悲しいことに、世界のどこの国でも子どもの自殺はあります。ですから、私たちが問いたいのは、日本が他国と比べて、特に子どもの自殺が多いのかという点です。

図2-19に、様々な国における10代の自殺率を示しました。日本の10代の自殺率は、29カ国中、低いほうから数えて16位（高いほうから数えて14位）で、ちょうど真ん中くらいです。普通だから良いということは、もちろんありません。自殺はゼロでなければなりません。その一方で、第3章でデータを出しますが、日本の成人の自殺率はいわゆる先進国の中ではかなり高いです。これを考えると、日本でより深刻なのは成人の自殺であるとも言えます。

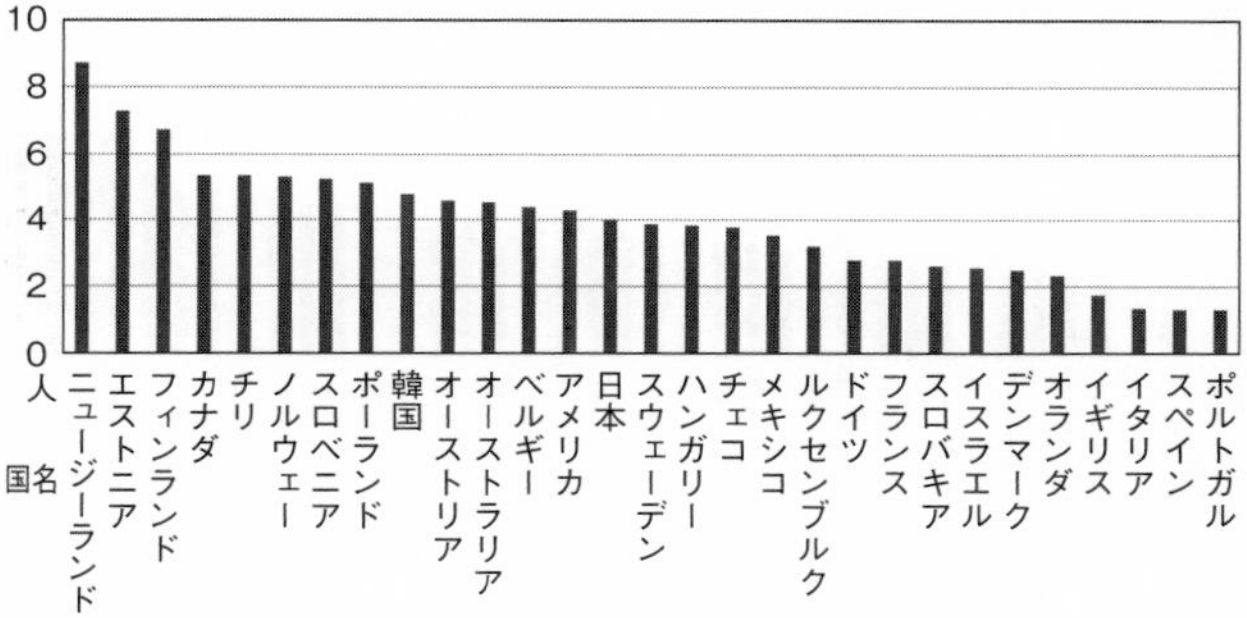

図 2-19：10 代の自殺率（10 万人当たりの人数）
出所：Roh2018（WHO と OECD のデータを基に計算）

通説14　不健康

†肥満の少ない日本

ここまでで第2章を終えてもよいのですが、もう1つだけ話を付け加えておきましょう。何の話かと言えば、体の健康の話です。

子どもたちの体の健康についての議論は、日本では、学力やいじめなどに比べるとあまり盛んではありません。運動会における組体操の問題などはメディアでもしばしば取り上げられていますが、それは安全性に関する議論であって、体の健康の議論ではありません。

それでも、日本の子どもたちに肥満が増えていることは一部で問題視されています。例えば、日本小

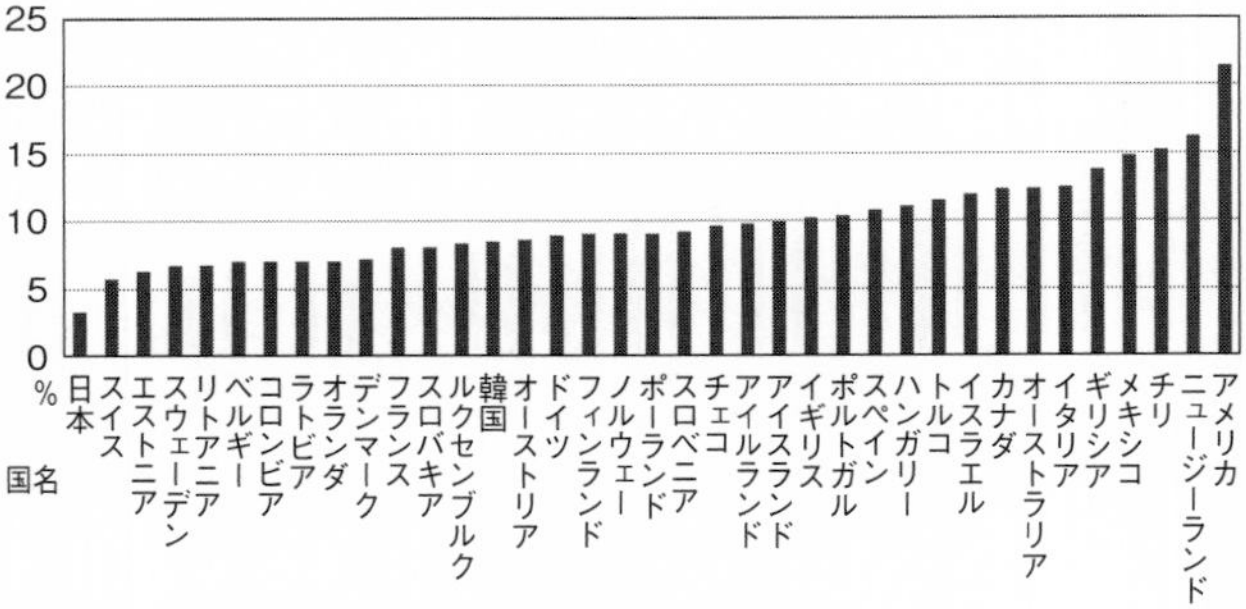

図 2-20：5 歳から 19 歳の肥満の割合
出所：WHO2020 より著者作成

児内分泌学会のホームページには、日本の子どもたちの肥満が、１９７０年頃から２０００年頃にかけて増加したことが取り上げられています。文部科学省の学校保健統計調査のデータを見てみると、たしかにこの時期に肥満の増加傾向が見て取れます。２０００年以降はほぼ横ばいではありますが、肥満が過去に増えたこと自体は好ましいことではないと思います。

では、国際的に見た場合、日本の肥満はどのくらい深刻なのでしょうか？　図２-20に示したのは、５歳から19歳の年齢層における肥満の割合です。世界保健機関（ＷＨＯ）のデータから、ＯＥＣＤ諸国のものだけを取り出して図にしてあります。日本の値はわずか３・３％で、ＯＥＣＤ諸国の中で最低です。つまり、日本は子どもの肥満が最も少ない国というわけです。では最も肥満が多い国はどこかと言えば、アメリカです。アメリカの子どもの肥満は21・4％に上ります。もし、子どもの人口が両国で同じだとしたら、アメリカには、日本の7倍も肥満の子どもがいることになります。

このように、日本の子どもたちは国際的に見ればとても健康なのです。もしかしたら、このことが、日本で子どもたちの体の健康についての議論があまり盛り上がらない理由かもしれません。

†体育と給食が健康をつくる

なぜ、日本にはこのように肥満が少ないのでしょうか？　これは簡単な問題ではありません。きっと家庭や社会の様々な要因が影響していることでしょう。ただ、日本の学校教育の中にも、肥満を抑えるのに役立っていそうな要素は見当たります。

その1つが体育です。あまり知られていませんが、というよりも本書を執筆するまで私たちも知らなかったのですが、OECD諸国の中で、日本は体育の授業が最も多い国の1つなのです。

ピザは各国の子どもたちに、1週間に何日体育の授業があるかを訊ねています。図2‐21(a)は、1週間に3日以上体育の授業を受けている子どもの割合をランキングにして示したものです。日本は55％で34カ国中4位です。一方、1週間に1日も体育の授業を受けていない子どもの割合は、日本は最も少なく0％です（図2－21(b)）。

体育の回数だけで肥満が決まるわけではもちろんありませんが、1週間に1日も体育の授業を受けていない子どもの割合が抜群に高いアメリカとニュージーランドが（図2－21(b)）、子どもの肥満のランキングでもワースト1、2位になっていることを考えると（図2－20）、体育の頻度が子どもの肥満に何らかの影響を及ぼしていることは十分に考えられそうです。

体育以外でも、日本の学校教育の中に、子どもの健康に資する要素を見出すことができます。例えば、学校で栄養バランスを考えた給食が出るとか、生活（早寝早起き）や栄養（朝食の重要性）に関する教育や調査が行われている、などがそうです。これと整合するように、2015年のピザの調査によれば、朝食を食べない子どもの割合で、日本は世界で最低レベルです。つまり、日本の子どもたちは世界で最も朝食をきちんと食べている部類に入ります。

学校で給食が出ること、あるいは生活や栄養に関する教育・調査が行われていることは、日本で学校教育を受けた人にとっては当たり前のことですが、世界的に見れば必ずしもそうではありません。「学校というのは学科だけを教えるところ」という国も珍しくありま

(a) 週に３回以上体育の授業がある

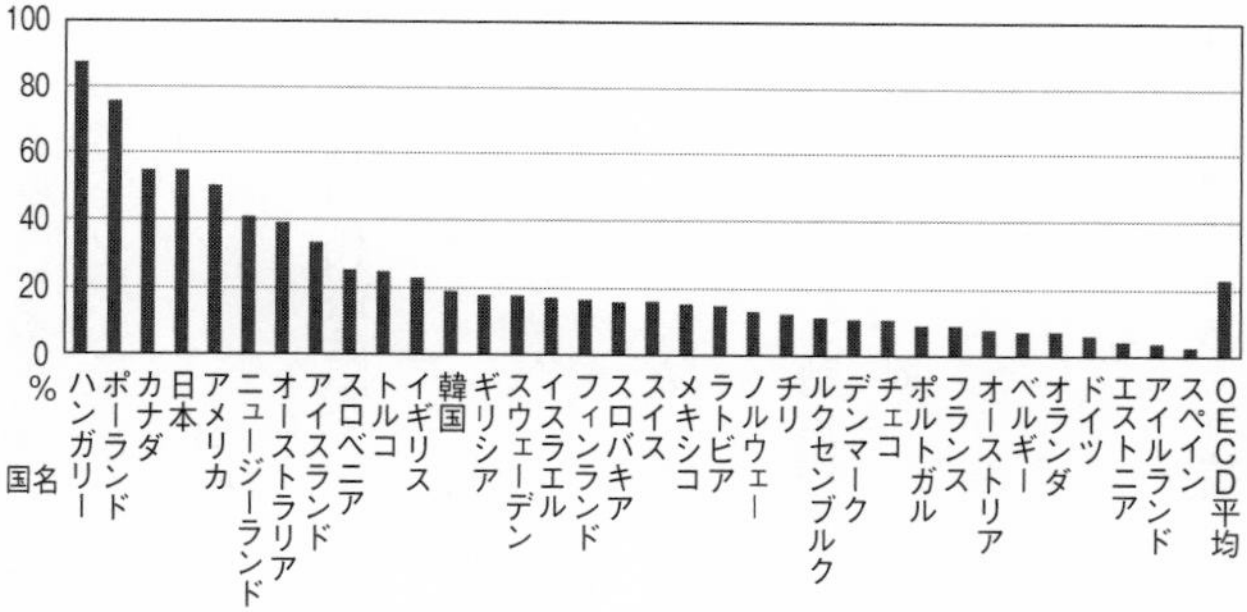

(b) 週に１日も体育の授業を受けない

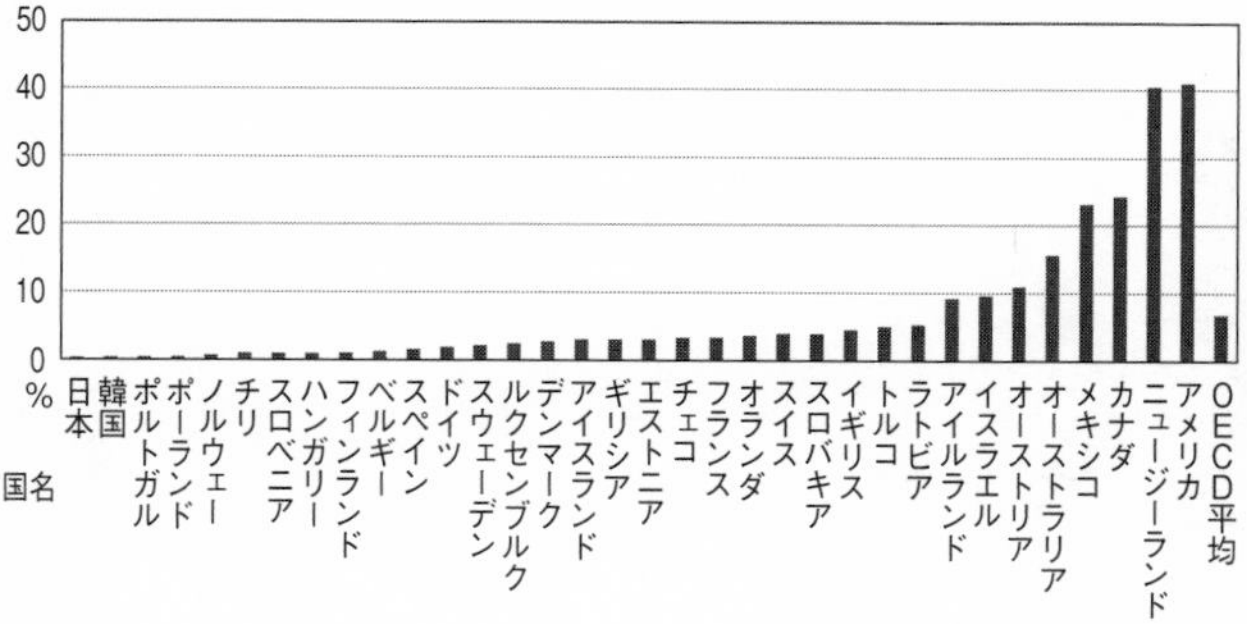

図 2-21：体育の授業回数に関する調査
出所：ピザ 2015 年（OECD 諸国のみ）

せん。日本の学校教育は以上のような点で、「全人的」であると言えます。こうした教育に対する考え方が、子どもの体の健康の維持・増進に多大な貢献をしているかもしれません。

結論　教育の代償は大きくない

†日本の子どもたちの現状

最後に、日本の子どもたちに関するこの章での議論をまとめておきましょう。

①国際的に見ると勉強時間が少なめである。
②受験やテストに対して感じるプレッシャーの程度は、国際的に見ると普通である。
③高い学力を塾通いから説明するのは難しい。
④高い学力は、むしろ、子どもたちの学習に対する考え方や、先生方の授業のやり方によるかもしれない。
⑤勉強に興味をあまり持っていないが、これは「学び」のために必要なことかもしれな

い。
⑥自分の能力にほとんど自信を持っていないが、そのことが高い学力を支えているのかもしれない。
⑦国際的に見ると、学校が楽しいと感じている子が多い。
⑧いじめは国際的に見ると少なく、不登校も学業の修了という観点からは欧米のドロップアウトの問題よりは相対的に軽微である。
⑨10代の自殺率は国際的に見て中程度である。
⑩肥満の割合という観点からは、非常に健康である。

†「驚くべき」データ

第1章では、日本の子どもたちの学力が、国際的に見て高いことを確認しました。そして第2章では、その高い学力が必ずしも大きな犠牲によってもたらされているわけではないことを見ました。これは驚くべきことではないでしょうか？　一般に何となく信じられているところでは、「日本の子どもたちは学校の勉強はできるけれども、あまり幸せな学校生活を送っていない」はずです。ところが、データはそう言っていないのです。

ここで「驚くべき」という言葉を使いましたが、私たちは、読者のみなさんが驚くべきだと言っているのではなく、実際に私たち自身が驚いているのです。ここ7〜8年ほどの間、私たちは本書の第1章、第2章で紹介したような、教育データの国際比較をしてきましたが、その間は驚きの連続でした。一般に信じられていることと、データの示す結果があまりにも異なっていたからです。

これは、とても大事なことを意味しています。なぜなら、これまで日本で行われてきた学校教育の議論の多くは、データに基づいていなかったということだからです。それにもかかわらず、これまでの学校教育の議論のいくつかは実際に法制化され、学校教育の現場に「教育改革」として導入されました。

今、私たちは、第1章と第2章で見たデータを通じて、日本の学校教育や子どもたちについて、以前とは違う感覚を持っているはずです。その感覚をもとに第3章では、私たちがこれからどうしたらいいのか考えてみましょう。

Ⅱ 日本教育を壊さないために

第3章　もうそういうの、やめませんか？

提案1　現実を見ない教育政策をやめよう

†日本の教育はけっこういい

本書の「はじめに」を覚えていますか？　本書を読み始めたとき、読者のみなさんは、なんとなく「日本の学校教育はダメだ」と思っていたと思います。それはちょうど、賃貸住宅にしばらく住んでみて、今の住宅に色々と不満を感じ始めている人と同じような感じです。

第1章・第2章で、私たちは、日本と諸外国を様々な観点（学力、勉強時間、学校生活の楽しさなど）から比較してきました。これは今住んでいる住宅と他の住宅物件を、不動産情報サイトを使って、様々な観点（家賃、面積、築年数）から比較したのに相当します。

そして私たちは、「今の住宅はけっこういい」ということを知ったわけです。これは意外な結果だったかもしれません。というのは、私たちは日本で普通に暮らしていると、「日本の学校教育はダメだ」という話ばかり聞くからです。そして多くの人が、そう思い込んでしまっています。

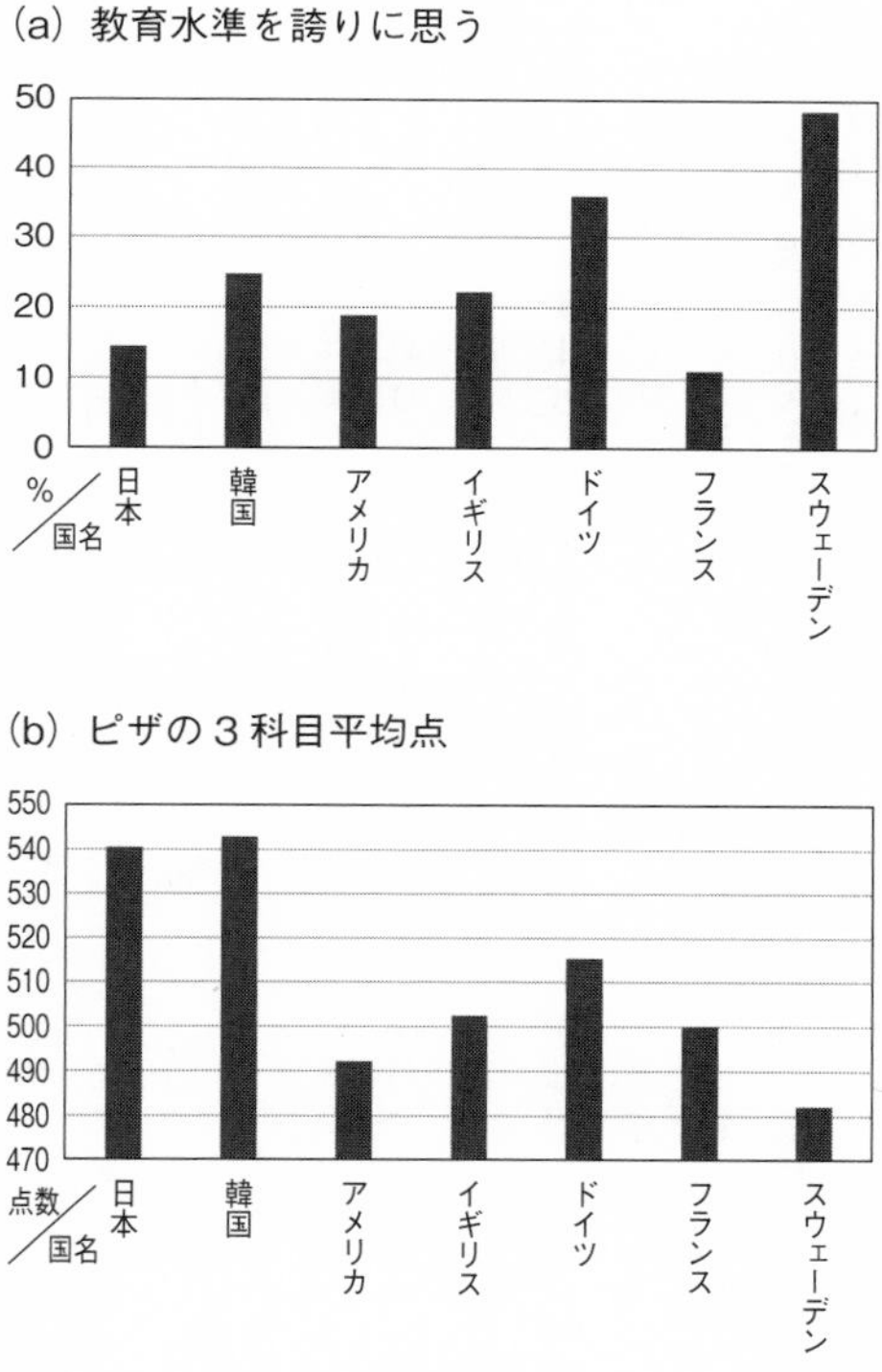

図3-1：(a) 自国の教育水準を誇りに思う若者の割合、(b) ピザ2012年における3科目の平均点
出所：内閣府2013より著者作成

実際、2013年に行われた内閣府の調査によれば、日本人のうち自国の教育水準を誇りに思っている人は、他国に比べて少ないのです。このアンケートは日本の若者を対象としたものですが、自国の教育水準を誇りに思っている割合は14・4%で、調査対象の7カ国の中で下から2番目です（図3－1）。このアンケートが行われる直前のピザテストでは、日本の成績は韓国を除く他の国よりも良いのにもかかわらず、です。

もちろん、日本の教育の現状を改善するためには、「日本の学校教育はダメだ」という前提を採用するのはある程度仕方ないことです。ですが、これを多くの人が受け入れてしまうと、現実を十分に理解しないまま、学校教育を改善しなければという気持ちだけで議論が行われ、最終的に現実性のない政策が作られてしまいます。

現実性のない政策は、学校教育の現場を混乱させ、税金を浪費し、学校の先生を多忙にし、さらに保護者を不安にします。私たちがそれにかまけている間、本当に対処されるべき問題は放置され、今の学校教育の良い部分が削がれていきます。そして大変残念なことに、その最終的な結果を引き受けるのは、大人ではなく子どもたちです。

私たちが言いたいのは、「もうそういうの、やめませんか」ということです。日本の学校教育や子どもたちについて、もっと現実的な理解をして、現実的な政策を作っていきませんか。これが読者のみなさんへの提案です。

以下では、「そういうの」をやめるために、例えば保護者の方々や学校の先生はどうしたらいいのか。また、教育行政で働く方々（文部科学省を含む各省庁の官僚の方々など）や教育研究者の方々はどうしたらよいのか、それぞれについて個別に考えていきます。なぜ個別に考えるかと言えば、保護者の方々、学校の先生方、教育行政で働く方々、教育研究者・メディアは、みな学校教育に関係してはいますが、それぞれ関わり方が違うからです。

†「住人」「管理会社」「不動産仲介者」の喩え

賃貸住宅の例で考えるなら、保護者の方々も子どもたちも、「住人」です。住人は、普段の生活の中で、今の住宅の良い部分を感じたり、不都合な部分を感じたりします。

学校の先生は、賃貸住宅の管理を行う「管理会社の社員」です。彼らは、住人の生活が心地良いものになるよう、日々管理をしてくれます。住人がふだん直接交渉をするのも、この管理会社の人たちです。学校の先生たちの場合もそうですね。子どもや保護者が学校教育について問題を抱えたとき、まずは学校の先生方に相談するので、管理会社の社員と似ています。そして先生方も、その相談を受けて問題の解決に乗り出します。もちろん、学校の先生は管理が主務ではありません。学校の先生の主務は教えることです。だから「管理会社の社員」というのはあくまで比喩に過ぎません。

では、教育行政で働く方々は何に当たるのか？　おそらく、「管理会社の社長」でしょう。社長は、賃貸住宅が魅力的になるように方針を決め、改装をしたり、家賃を改定したりします。管理会社の社長の方針は住人の生活に大きく影響しますが、住人が管理会社の社長に会うことはあまりありません。教育行政で働く方々の仕事もこれに似ていますね。文部科学省や他の省庁の官僚は、日本の学校教育が良くなるようにと思って、様々な改革を計画するわけです。そして、その改革は子どもたち、保護者、学校の先生の生活に大きく影響を与えますが、彼らが文部科学省の官僚と直接交渉する機会はあまりありません。

最後は教育研究者・メディアです。この人たちが何をしているのか、なかなかわかりにくいところです。私たちは、教育研究者の役割は「不動産仲介業者」に近いと感じています。不動産仲介業者は、住人に今の賃貸住宅とは異なる物件を紹介します。「もっといい物件がありますよ」と提案するわけです。同時に、管理会社の社長に対しても、どうしたら今の物件に多くの人に住んでもらえるかアドバイスをしたりします。

これはちょうど、教育研究者が海外の素晴らしい学校教育を新書で紹介したり、文部科学省の委員会に呼ばれて教育改革の相談に乗ったりすることに対応しています。メディアも、教育研究者とほぼ同じ役割を担っています。違いがあるとすれば、メディアは教育研究者に解析能力では及ばないものの、教育研究者の意見やＯＥＣＤなど国際機関、あるいは文部科学省などによる発表など、多岐にわたる情報を収集・周知することに優れている点です。その意味でメディアは、研究の世界と社会のインターフェースとして働いています。

さて、保護者、先生、教育行政で働く人、教育研究者・メディアの立場が理解できたところで、それぞれの立場の人に対する、私たち著者からの提案を以下に書いていきます。読者の方々は、すべての提案を読む必要は必ずしもありません。自らの立場に関する部分だけ読んで他を飛ばしても、概ね理解できると思いますので、自由に取捨選択をしていただけたらと思います。

提案2 「安定した不安」を持ち続けよう――保護者へ

†メディアはいつも批判的

私たち著者から保護者の方々への提案は、「まずは落ち着きましょう」ということです。確かに、お子さんの通われている学校に対して完全に満足しているということはないでしょう。そして、メディアを見れば、日本の学校教育を批判する記事が溢れています。そういう記事を読んでいると、だんだんと日本の学校教育に対してもどかしい気持ちが募ってきます。もしかしたら、いわゆるモンスターペアレンツの一部は、こうしたもどかしい気持ちがベースにあって、だからこそ、学校で小さな瑕疵《かし》を見つけるだけで暴発してしまうのかもしれません。

ですが、日本の学校教育がどうしようもなくダメというわけではないのです。当たり前のことですが、世界のどこにも、完璧な学校教育をやっている国はありません。そして、第1章と第2章でデータを見てきた通り、日本の学校教育は国際的に見ると、むしろかなり高い水準にあります。

それに、メディアの記事が「日本の学校教育はダメだ」と言っているのは、ある意味では致し方のないことなのです。インターネットや新聞などのメディアは、「何か問題がある。大変だ」という記事を好んで載せます。別に悪意があってそうしているのではありません。それはメディアの重要な役割です。

メディアの役割の1つは、問題がありそうなことを報道し、社会的議論を喚起することです。ですから、メディアの記事が問題を過大評価しがちなのは致し方のないことです。また、メディアは社会的議論を喚起するために、教育研究者の意見を掲載することがありますが、教育研究者は一般に、日本の学校教育について批判的です（後で詳しく述べます）。

その結果、メディアに掲載される日本の学校教育の記事は、概ね批判的なものとなるのです。

加えて、メディアのほとんどは商業ベースで営まれていますから、より売れる記事を載せる傾向にあります。ですから、「日本の学校教育は順調である」という記事よりも、「日本の学校教育は問題だ」という記事のほうが優先されがちになります。というのも、「日本の学校教育は順調である」という見出しの記事を見たとき、その記事をわざわざ読んでみようと思う人はあまり多くないからです。

日本の学校教育が順調であれば、それは私たちの生活にとっての危機とはなりません。ですから、その内容について詳しく知りたいと思う人は少数にとどまります。一方、「日本の学校教育は問題だ」という記事の見出しは、人々を不安にすることで多くの読者を獲得します。このように、メディアがそれ自体の役割・論理に基づいて機能しているだけでも、日本の学校教育に対する否定的なイメージは増殖し続けることになるのです。

賃貸住宅の場合も同じです。賃貸住宅に住んでいると、「もっといい物件がありますよ」と、不動産仲介業者からの新聞の折り込み広告が入ります。彼らの役割は、今よりももっと素敵な毎日が送れるように、より良い物件を人々に紹介することでしょう。

不動産仲介業者は、メディアと同様に商業ベースで営まれていて、なるべく多くの人に自らの会社のサービスを使ってもらう必要がありますから、あなたの今住んでいる物件に肯定的ではないでしょう。そうすると、折り込み広告を見て、今の賃貸住宅にさして問題を感じていない人も、「今の物件よりももっといいものがあるのかな」「今の物件はダメなのかな」と不安になってきたりします。

でも私たちは、今の物件（今の日本の学校教育）が他の物件（他国の学校教育）よりも多くの点で優れていることを第1・2章で学びました。今の物件にまったく問題がないわけではないけれども、他の物件に引っ越すよりも、今の物件で工夫して暮らしていくほうがよさそうです。

†アクティブラーニングは何のため？

保護者の方々の中には、それでもお子さんの未来に不安を感じる方々もいらっしゃるかもしれません。世の中はどんどん変化していて、それに対応して「アクティブラーニング」とか、「情報教育」とか、保護者の方々の時代にはなかった新しい教育がたくさん出てきています。自分の子どもが、こんな21世紀を生きていけるのか、不安になるのも無理のない話です。

ではアクティブラーニングや情報教育はいったい何のために必要なのでしょうか？ 21

世紀を生きていくためです。21世紀は20世紀とは違うから、21世紀にはそれに適した教育が必要だ、というのが基本的な考え方です。

実は、私たちは、この考え方にあまり賛成できません。別に、21世紀と20世紀は同じだと申し上げているわけではありません。きっと21世紀は20世紀と違うのでしょう。ただひっかかるのは、「教育が今の社会にぴったりと適合しているほうが好ましい」という前提の方なのです。というのも、教育が社会にぴったりと適合しすぎていると、その教育を受けてきた子どもたちが大人になった時、今とは違う社会を構想しにくくなると思うからです。

「21世紀型教育」として、創造性、コミュニケーション能力などが強調されます。それはそれで21世紀を生きるうえで重要かもしれません。ただ、人は自分の生きる社会を受け入れるだけでなく、捉え直し、新たな可能性を探ることもあります。そのためには、教育が21世紀の社会とは一定の距離を持っているほうがいいかもしれないと思うのです。それはちょうど本書が、日本の学校教育を国際比較という遠距離から見ることで、日本の学校教育について他書とは異なった提案を行うことができるのと似ています。

とはいえ、この議論に本書で深入りすることはやめておきます。便宜上、一般に流布《るふ》している「21世紀は20世紀とは違うから、それに合った教育が必要だ」という考え方を、私たちもひとまず受け入れることにします。

†「安定した不安」を持ち続ける

では、「21世紀に合った教育が必要だ」という考え方を確認したうえで、思い出してください。ピザが何を測るテストだったかを。ピザは、もう1つの国際比較のテストであるティムズとは違うテストでした。何が違うかというと、ピザは21世紀を生きていくのに必要な能力を測るテストであり、ティムズは従来型の学力（いわゆる「20世紀型学力」）を測るテストであるという点です。

そのピザで日本は、第1回（2000年）から現在まで、ずっとトップクラスの成績を残しています。したがって、少なくともその結果から考えると、日本の学校教育に対して不安を持つことに合理性はありません。

もちろん、「ピザの実施主体であるOECDの官僚がいくら知恵を絞ってテストを作ったところで、それが本当に21世紀を生きていくために必要な能力を測れているかどうかはわからない」という反論はあり得ます。どんなテストであれ、現在をもとに未来を予測して作っているわけで、その予測自体には大きな不確実性があるからです。しょせん人間には未来は見えないのです。子どもを持つ保護者としては、子どもたちの未来が幸せなものであるとよいのに、と願うのは無理のないことです。ですが、それでもやはり未来を見通すことはできないのです。

したがって、私たちからの提案は、「未来に対する不安は消えないのだ」と肝に銘じて、「安定した不安」を持ち続けよう、ということです。不安を消すのではなく、不安を感じ続けるところに安定を見出してほしいのです。いささかひねくれた考え方かもしれませんが、このような考え方を、私たちは本居宣長《もとおりのりなが》先生から学びました（相良亨『本居宣長』講談社学術文庫）。彼は、どうしようもないものをどうしようもないものとして、そのまま受け止めるところに安心が現れると言っています。

†教育への不満の内実

保護者の方々は、しばしば教育に不安を感じるかもしれませんが、お子さんの通う学校に対して明確な不満を持っているのでしょうか。保護者へのアンケートによれば、どうも多くはお子さんの通う学校に対して、概ね満足しているようです。文部科学省は、2017〜18年にベネッセに委託して、小中学生の保護者に対するアンケート調査を行っています。調査項目の中には、保護者が、子どもの通っている学校に満足しているかを問うものがあります。その結果は、図3－2のようになっています。

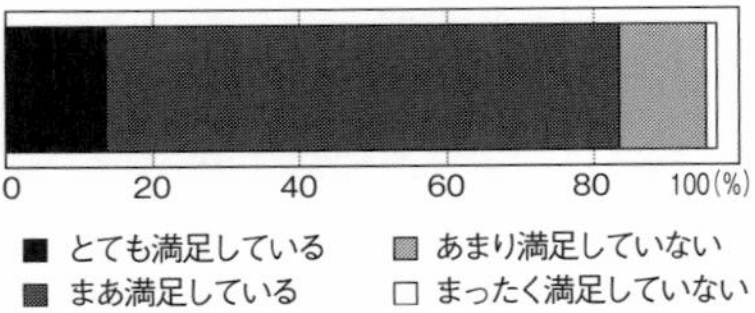

図3-2：子どもの通っている学校に対する保護者の満足度
出所：ベネッセ教育総合研究所2018より著者作成

子どもの通っている学校に「とても満足している」「まあ満足している」と答えた保護者の割合は、合わせて83・8％でした。この割合は、「あまり満足していない」「まったく満足していない」と答えた保護者の割合（13・3％）を大きく上回っています。さらに、同様の調査は２００４年から数年おきに継続して行われているのですが、満足している保護者の割合は少しずつ増えています。この満足度の高さは、別の調査においても確認されています。

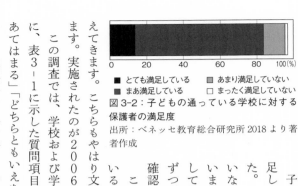

この調査だけでは、保護者が何に満足して何に不満を感じているか、よくわかりませんが、別の調査ではもう少し内実が見えてきます。こちらもやはり文部科学省の委託調査で、小中学生の保護者を対象としています。実施されたのが２００６年と少し古いですが、見てみましょう。

この調査では、学校および学校の先生について、保護者の意識を訊ねています。その中に、表３－１に示した質問項目があります。保護者は、「あてはまる」「どちらかといえばあてはまる」「どちらともいえない」「どちらかといえばあてはまらない」「あてはまらない」の選択肢によって答えます。質問項目１から４は学校の先生に関する質問ですので、教育の本質に深く関わっています。一方、質問項目5と6は、教育を支えるための環境に関するものです。そして保護者の回答結果を見ると、学校の先生に対しては満足度が高く、教育を支える環境に対して満足度が低いようです。

質問項目1から4について、「あてはまる」と「どちらかといえばあてはまる」の合計は約40％です（図3－3）。この値は「あてはまらない」「どちらかといえばあてはまらない」の合計（概ね20％程度）より高いです。質問項目5、6については、この関係が逆転します。「あてはまる」と「どちらかといえばあてはまる」の合計が10％から20％強くらいで、「あてはまらない」と「どちらかといえばあてはまらない」の合計（50％前後）よりも小さくなっています。

ということは、教育の根幹である先生に対して満足している保護者が多い反面、教育を支える環境に満足している保護者は少ないということです。つまり多くの保護者は、子どもの通う学校での教

番号	質問文
1	学校の先生は信頼できる。
2	学校の先生はあなたの期待に応えている。（いろいろ対応してくれる）
3	学校の先生は、先生としての資質や能力を備えている。
4	学校の先生に満足している。
5	ガードマンやカウンセラーなど、充分に人員が揃っている。
6	学校の設備は充分である。

表3-1：学校・学校の先生に関する質問項目
出所：文部科学省 2008

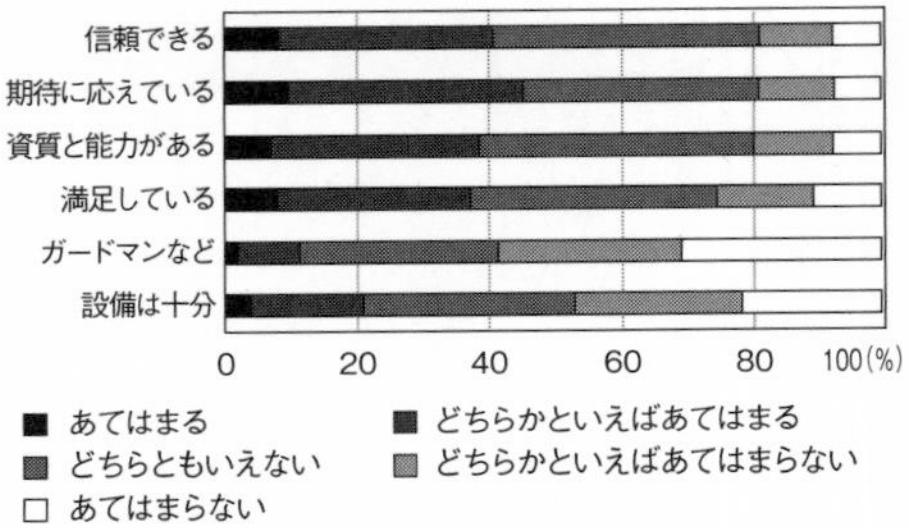

図 3-3：学校や先生に対する保護者の意識
出所：リクルートマネジメントソリューションズ 2006 より著者作成

育に対して大きな不満を持っていないのです。モンスターペアレンツのように、学校に対して強い不満を表明する保護者がいることは確かです。そういう保護者は声が大きく存在感がありますが、多くの場合、少数派にとどまります。

†国際的な視野を持つ

最後にもう1度お願いします。日本の学校教育について問題を指摘するメディアの記事を目にすることは多いと思いますが、その内容をうのみにしないでください。そうした記事は問題を指摘し、社会的議論を喚起するために、しばしば現実よりも悲観的な像を描きがちです。

加えて、メディアは教育専門の研究機関ではありませんから、教育に関して特別な解析能力を期待することができません。そのため、メディアの描く像は、どこかの機関（文部科学省など）の見解を無批判に受け入れ、研究の世界に存在する国際比較データを十分に踏まえたものとはなっていないことがしばしばあります。

では、メディア記事をうのみにしないために何ができるか？　1つは、この本で行ってきたように、日本の学校教育の問題を指摘するメディア記事を読んだとき、その問題は日本に特有の問題なのか、日本で特に顕著な問題なのか、という国際比較の視点を持つことです。つまり、問題の「有無」を考えるのではなく、問題の「大きさ」を、国際比較の視点から相対的に捉えることです。実際、本書の第1・2章では国際比較の視点を提供し、日本の学校教育には様々な問題はあるだろうけれども、国際比較の観点からはかなり良いことを確認しました。

†あなたたちはダメじゃない！

ここまで保護者の方々への提案を書いてきましたが、ここで補足として、子どもたち・若者への提案も書いておきます。本書の読者の中に、子どもたち・若者はあまり多くないかもしれません。それでも、中には向学心あふれる子どもや若者がきっと本書を読んでくれていると信じています。その子どもたち・若者に対して、私たちからの提案は、「あまり気にしないでね」ということです。

大人たちはよく、「子どもたちが大変だ！」と騒ぎます。そして子どもたちに対して様々なレッテルを貼りたがります。それは、子どもたちのことがよくわからなくて不安だからだと思います。レッテルを貼ると、よくわからないことがわかったような気になり不安が和らぐのです。

問題は、そのレッテルがしばしば非常にネガティブなものになり、それが子どもたちの自己意識を決めてしまうかもしれないという点です。簡単に言えば、子どもたちが周りの大人に「きみたちはダメなんだよ」と言われ続けると、子どもたち自身も「自分たちはダメなんだ」と思ってしまうというわけです。

実際、私たちの周りでも、こういうレッテル貼りは行われていました。著者の1人（小松）は、いわゆる「ゆとり世代」が大学に入ってきたとき、日本の国立大学で教員をしていました。「ゆとり世代」が何年生まれから何年生まれまでかについては様々な考え方がありますが、1つの定義としては1980年代後半から1990年代生まれまでくらいを指します。この世代が大学に入ってきたのが、2000年代半ば過ぎでした。そのときに同じ学科のある先生が、「今年からゆとり世代が入ってくるから、大変になりますよ」と発言されていたのを覚えています。また、その後も、「今の学生はゆとり世代だから、学力が低いし、精神的にも弱い」というような発言をする先生方がいました。

†レッテルよりも現実を見よう！

子どもたち・若者たちへの私たちからの提案は、「こういうレッテル貼りを真に受けないでくださいね」ということです。第1章の最後のほうで触れた結果ですが、覚えていらっしゃいますか？　ピザのデータによれば、ゆとり世代が特に低学力という傾向は認められません。実際には、ゆとり教育を最も徹底的に受けた世代の点数は、その前後の世代の点数よりむしろ少し高いという結果でした（図1－11）。さらに言えば、ゆとり世代を含め日本の子どもたち・若者たちは、少なくともピザやティムズなどの国際学力比較の結果からすれば、非常に優秀なのです。

大人たちは、ついつい不安になってレッテルを貼りたがります。それはほとんどの場合、愚かなことです。なぜならレッテルを貼ることによって、彼らは不安を感じなくて済むようになりますが、同時に真の問題がそのまま放置されてしまうからです。

例えば、日本の若者に対して「学習能力が低く、精神的にも弱い」というレッテルを貼れば、すべてを若者のせいにできるのだから大人たちは楽でしょう。「会社の業績が低迷しているのは、最近の若者がダメだからだ」「日本経済が低迷しているのは、若者がダメだからだ」といった具合です。その間、なぜ会社の業績や日本経済が低迷しているのかは深く検討されることもなく、会社の業績も日本経済も上向くことはありません。本当の原因は、国際情勢の変化であったり、日本の社会制度であったりするかもしれないのに。

レッテル貼りはほとんどの場合、無意味なのです。ですが、不安だとどうしてもやってしまうものでもあります。この本のどこかで、私たちも愚かなレッテル貼りをしてしまっているかもしれません。ぜひ、そうした愚かな大人たちのレッテル貼りを真に受けず、「愚かな人たちだなあ」と冷静に見ていただけたらと思います。

提案3　レベルの高さに気づこう――学校の先生・教育行政へ

†日本の先生は優秀

次に、学校の先生方への提案ですが、実は提案というほどのものはないのです。それは、少なくとも私たち著者がデータから見る限りでは、学校の先生方は素晴らしい仕事をされているからです。ですので、「今の素晴らしい仕事を続けてください」というのが、私たちから言えるほとんどすべてと言ってもよいくらいです。

本書で示してきたように、日本の学校教育は全体的に見ればかなりうまくいっています。もちろん、学校教育の成功のすべてが学校の先生の素晴らしさに帰するかどうかはわかりません。なぜなら、先生というのは教育全体の中の一要素に過ぎないからです。

ですが、先生というのは教育において、最も重要な要素の1つでもあります。その要素が適切に機能していないのに、日本の学校教育がうまくいくというのは考えにくいことです。実際、第2章で取り上げたスティグラーの研究では、日本の中学校の授業は、アメリカやドイツに比べて質の高いものでした（図2－10、図2－11）。この授業の質の高さに、先生の能力が関係していないと考えるのは困難です。

学校の先生の能力を国際的に比較したデータがあれば、日本の先生がどのくらい優秀かわかるのですが、そういうものは原理的にほとんど存在しません。というのも、学校の先生の能力というのは、一元的に測ることが難しいからです。それは文化によって先生に求められる能力がある程度異なっているためでしょう。例えば、日本において優秀な先生が必ずしも、アメリカでも優秀な先生としてふるまえるかはわからないのです。

ただ、わずかに国際比較できそうなのは、先生方の数理的能力と読解力です。これらの能力は、他の能力に比べると文化に影響を受けにくいはずです。特に数理的能力はそうです。そして日本の先生は、数理的能力と読解力で世界最高レベルなのです。ピアックを覚えていますか？　大人の能力を測るためのテストです。ピアックは受験者の数理的能力や読解力だけでなく、受験者の職業をデータとして取っていますから、ピアックのデータを使って、学校の先生の数理的能力と読解力を国ごとに計算することができます。

その計算結果が図3－4です。日本の先生は、数理的能力でも読解力でも、参加国の中で最高です。ピアックはピザほど参加国が多くないので、先生の数理的能力、読解力については18カ国のデータしか得られていません。ですから、日本の先生の数理的能力や読解力が本当に世界一であるかはわかりません。ですが、世界最高レベルであることは確実のようです。

†抜群に忙しい日本の先生

このように日本の先生方は素晴らしいにもかかわらず、その労働環境はまったく素晴らしくなさそうです。日本の先生は、世界でも抜群に忙しいのです。OECDが世界の49の国と地域において、中学校の先生の労働時間を調査しています。それによると、日本の先生は最も労働時間が長いのです。1週間の労働時間は56時間で、2位以下を大きく引き離しています。実際、1週間の労働時間を国別に示した図3－5において、日本のデータは2位以下に対して、頭一つ抜け出しているのが確認できます。OECD平均と比べた場合、その違いは1週間で17時間にもなります。17時間と言ったら、2日分の労働時間ですよ。これはたまりません。私たち著者は、とても日本の学校の先生が務まりそうな気がしません。

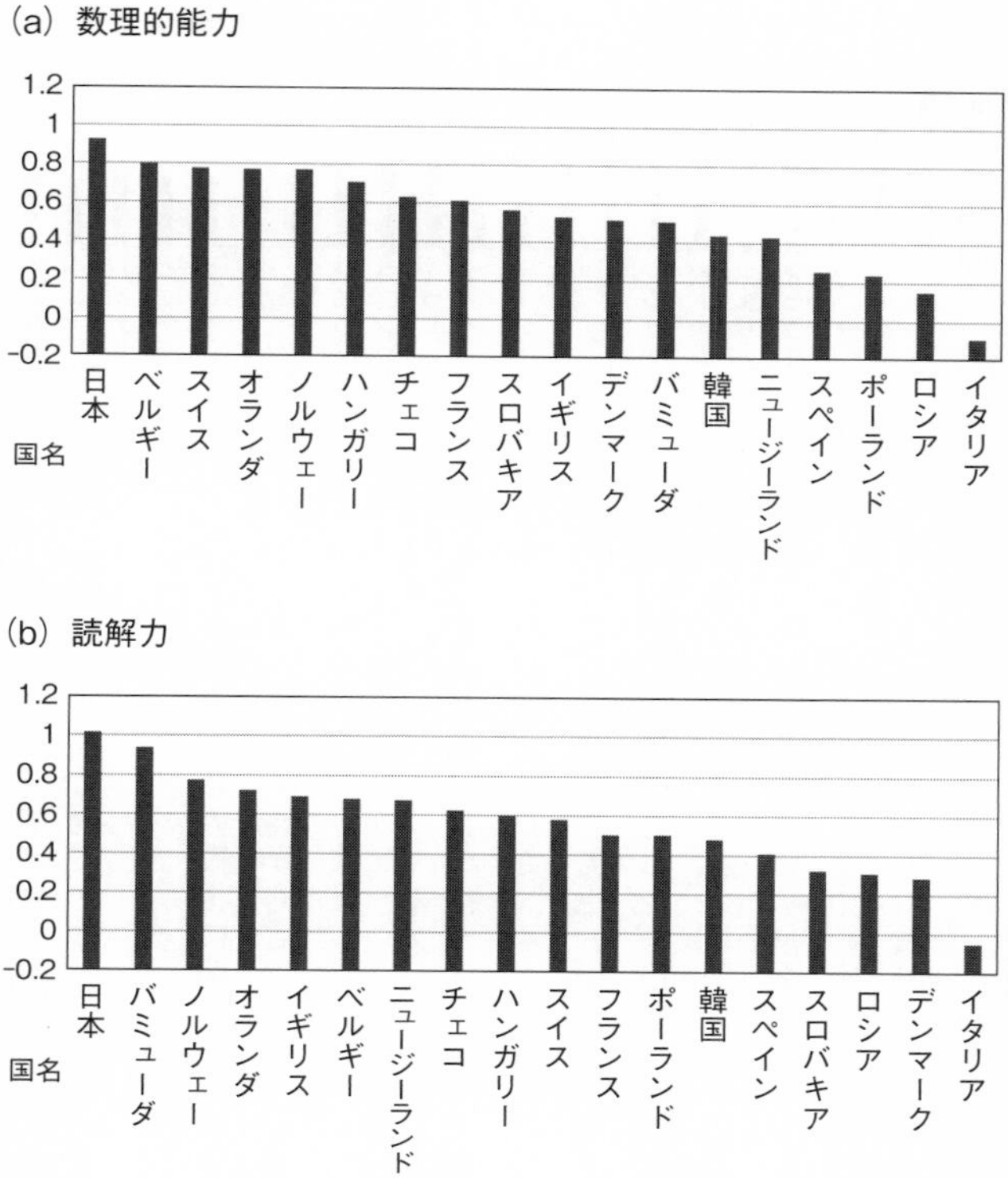

図 3-4：小中学校の先生の数理的能力、読解力（全参加国・全受験者の平均的が 0、数値が高いほど能力が高いことを意味する）
出所：Golsteyn2016 より著者作成

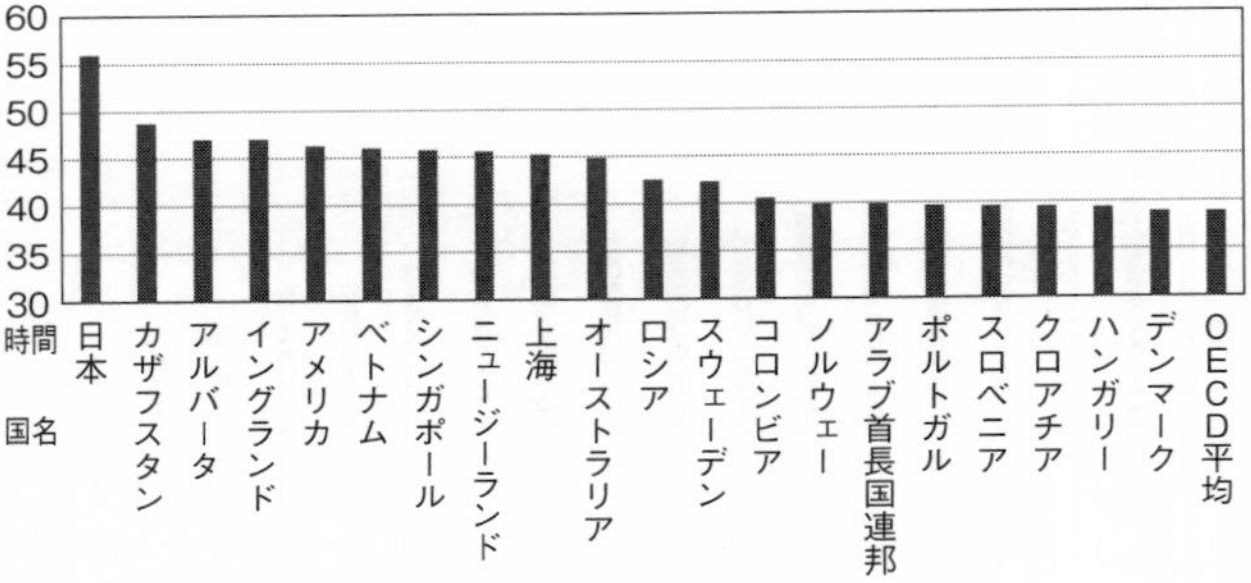

図 3-5：中学校の先生の 1 週間の労働時間（上位 20 位）
出所：OECD2019. *TALIS 2018 Results*（*Volume I*）より著者作成

このような過酷な労働環境なのに、日本の先生方はいい加減に授業をしているというわけでもなさそうです。それはピザのデータからも見ることができます。これは国語の授業に関してなのですが、ピザは、子どもたちが先生からどのくらいサポートを得られているかを調べています。

子どもたちに表3－2に示したような質問をして、それに肯定的な答えをした子どもの割合を出しているのです。そして、4つの質問についての割合を平均化したものを、先生の子どもに対するサポートの度合いを示す指標として、OECD諸国をランキングにしています。その結果は図3－6のようになっています。日本の先生方は、36カ国中12位です。

その順位なら中の上だから大したことないという見方もあるかもしれません。しかし、日本の先生方は世界一忙しいのです。それでも、それなりに子どもたちの学習のサポートに対して真面目に取り組んでいるわけです。ですから、労働環境を考慮したうえで図3−6のランキングを見ると、やはり日本の先生方は頑張っているという印象を受けます。

日本の先生方は、先ほどの賃貸住宅の例でしたら、「不安に駆られた管理会社社長の一貫しない指示（度重なる教育「改革」）を受けながらも、なんとか住人の暮らしに資するよう頑張っている住宅管理会社の社員」のようです。ですので、これ以上先生方に何かを要求するというのは的外れでしょう。

番号	質問文
1	先生はすべての生徒の学習に興味を持ってくれる。
2	先生は生徒が困っていたら、特別なサポートをしてくれる。
3	先生は、生徒の学習を助けてくれる。
4	先生は生徒が理解するまで教えてくれる。

表3-2：先生の子どもたちの学習へのサポート状況に関する質問項目
出所：ピザ2018年

むしろ、先生方の時間やエネルギーをこれ以上要求する教育「改革」に対して、先生方には「NO」と言う権利があるというのが、国際データ比較をしてきた私たちの実感です。むしろ、今必要な教育改革は、先生方の労働環境を改善するためのものでなくてはならないと思います。その意味で、今、先生方の働き過ぎが社会的に認識され、議論が行われているのは好ましいことです。

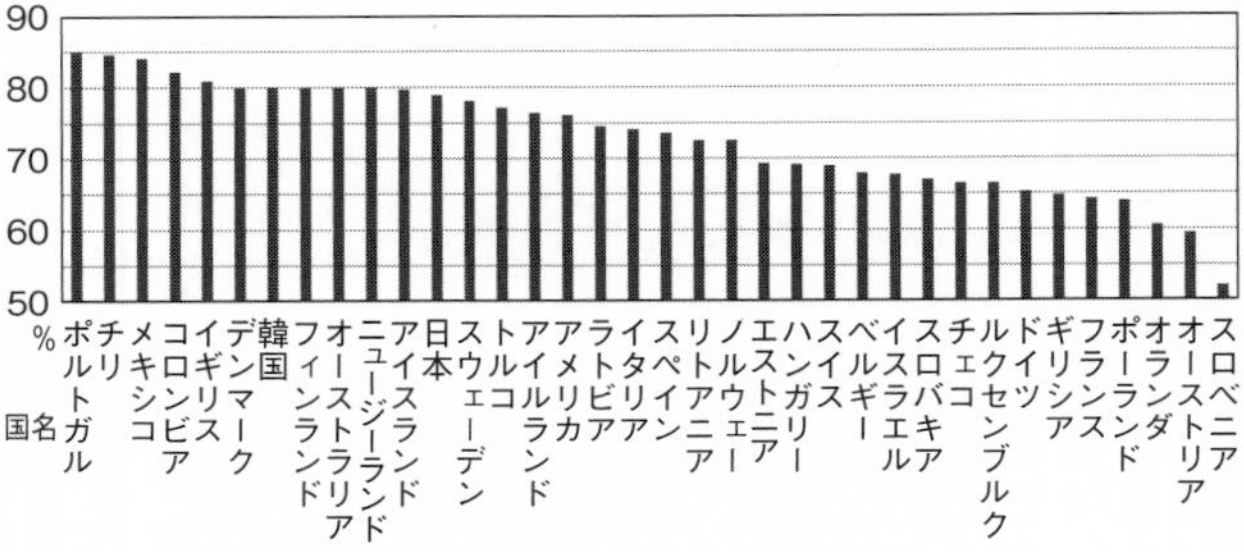

図3-6：国語の授業における先生の生徒へのサポート
出所：ピザ2018年

†まず落ち着きましょう

教育行政に携わる方々への私たちからの第1の提案は、基本的に保護者の方々への提案と同じです。そう、「落ち着きましょう」です。本書の第1・2章で見てきた通り、日本の学校教育がダメだという証拠は、国際比較データの中にほとんど見つかりません。

私たちだけでなく、ピザを行っている主体であるOECDのレポートを見ても、日本の学校教育がダメだとはどこにも書いていません。例えば、OECDは文部科学省の要請に応えて『ピザから日本への教訓』（"Lessons from PISA for Japan"）という報告書を2012年に出版しています。その第2章は、ピザデータによる日本の教育の評価に充てられていますが、その扉には次のように書かれています。

日本は、国際教育調査が始まって以来、一貫してトップかそれに準ずる位置にいる。日本の教育システムは、子どもたちに対する強い責任感、一流の先生、家族による助力、そして、才能よりも努力が成功をもたらすという信念に支えられている。

この日本に対する高い評価は現在も続いています。OECDは2018年に、文部科学省の要請に応じて、日本の教育政策に関する報告書を作成しました。この報告書は、日本の今の教育を見て、次に何が必要なのかを提案するものです。これに関する記者会見がYouTubeで閲覧できるのですが、その最後のほうで（動画の41分から43分にかけて）、ピザを指揮しているアンドレアス・シュライヒャー氏（OECD教育・スキル局長）は、報告書作成の意図を次のように説明しています。

日本は、グローバルに見て、最も効果的で平等な教育システムという強い立場から歩み始めることができます。しかし重要なのは未来です。将来にわたって、日本が世界をリードする教育を維持することです。これこそが、私たちが今回の報告書を作成した意図です。

ＯＥＣＤという組織はいささかヨーロッパ中心主義的で、ヨーロッパ以外の地域に対して否定的な見解を表明することも多くあります。ですが、日本の学校教育に対しては、このように肯定的な評価を与えています。さらに重要なことに、シュライヒャー氏は、日本が教育を一新することなど、まったく求めていません。そうではなく、彼が日本に期待するのは「世界をリードする教育を維持する」ことです。「維持」（！）ですよ。

†世界に評価される授業研究

日本の学校教育を肯定的に評価しているのはＯＥＣＤだけではありません。海外の研究者でも、日本を訪れて学校教育を観察・研究した人の中には、日本の教育に対して肯定的な評価をする人が多くいます。

その代表例は、本書でもこれまでに何度か登場したスティグラーです。スティグラーは、『学びの差異』と『教えの差異』という2冊のベストセラーを出版し、その中で日本の学校教育からアメリカが学べることを探ろうとしています。彼は、日本の子どもたちが高い学力を持っている大きな要因が、先生方の教育法の素晴らしさにあると考え、『教えの差異』の中で、アメリカが日本の先生方から何を学ぶべきか仔細に検討しています。この本で特に注目されているのは、日本の先生方が行っている「授業研究」という手法です。この「授業研究」が教え方の改善に大きく役立っているというのが、スティグラーの主張です。

「授業研究」とは何か？　教え方の改善を目的にした活動で、次のように行われます。まず、先生方はグループを作って、1つの授業をどのように構成するかを考えます。その構成に基づいて、1人の先生が実際にクラスで教えてみます。他の先生方は、その授業を教室の後ろで生徒の反応を観察し、授業のどの部分が生徒にとってわかりやすく、どの部分がそうではないかを探ります。

そして、先生方は再びグループで集まり、より良い授業構成や実践を考えます。この繰り返しを通じて、より良い授業を作り上げるとともに、教育能力を高めていくのです。この「授業研究」は、『教えの差異』が出版されてから、世界で注目されるようになり、各国で多くの学術研究が行われました。また、アメリカなどでは一部で、この「授業研究」を学校教育の現場に導入したりしています。

†世界から日本を見よう

以上のように、国際的な視点から、日本の学校教育の良い点を示した研究があるにもかかわらず、残念ながら、日本の教育行政に関わる方々は、あまりこうした研究からは学んでいないようです。実際、『学びの差異』も『教えの差異』も、日本の教育行政を考えるうえで非常に有益であるにもかかわらず、あまり読まれていません。両書はともに日本語に翻訳されたのに、どちらも絶版になってしまいました。たぶん、あまり売れなかったのでしょう。

私たち著者は、教育行政に携わる方々のこの姿勢をさみしく思っています。文部科学省は、なるほど海外の教育トレンドを追ってはいます。例えば、アクティブラーニングも、1990年代のアメリカのトレンドでした。ただ文部科学省がしているのは、より「進んでいる」と信じている国の政策の表層的模倣に過ぎないように映ります。

文部科学省がすべきことはそういうことではない、というのが私たちの考えです。むしろ必要なのは、海外の教育トレンドを皮相的に追うのではなく、国内外の一級の研究(『学びの差異』『教えの差異』など)をきちんと理解して教育行政に生かすことです。そういう意味では、いかに海外のトレンドを追っていようとも、文部科学省は国際性を欠いているというのが私たちの見解です。

実際、文部科学省に国際性が不足していることは、世界的に授業研究が広まる中で、それに逆行する「教員免許更新制」が導入されたことからもよく理解できます。授業研究と免許更新制は、どちらも教員の能力向上のための取り組みです。そして、日本の学校で行

年	授業研究に関する出来事（国外）	年	教員免許更新制に関する出来事（国内）
1999年	『教えの差異』の中で、授業研究が取り上げられる。		
2000年	授業研究に関する研究が国際的に始まる。	2000年頃	学力低下が問題視される。
2005年	授業研究に関する初の国際会議が開かれる。	2006年	教育再生会議が設置され、教員免許更新制が提案される。
2007年	授業研究に関する国際学会が設立される。		
		2007年	教員免許更新制が法制化される。
		2009年	教員免許更新制が導入される。

表3-3：授業研究と教員免許更新制の歴史

われてきた授業研究が素晴らしいものとして世界的に注目され始めたときに、日本は授業研究ではなく、教員免許更新制という別の取り組みを始めたのです。

このあたりの事情をもう少し詳しく見てみましょう（表3－3）。「授業研究」は、先述の『教えの差異』の出版以降、世界からの注目を集め始めました。『教えの差異』が出版されたのは1999年ですが、その後2000年代には、授業研究に関する学術研究が世界で広く行われるようになりました。そして、2005年には授業研究をテーマにした国際会議が初めて開かれ、それがもとになって、2007年には国際学会が設立されるに至ります。

教育研究に携わった経験のない方々には

わかりにくいかもしれませんが、授業研究についての国際学会が作られるというのは、すごいことなのです。普通であれば、このような教員の能力向上への取り組みは、教員養成や教育方法に関する学会の一部で取り上げられるだけです。しかし、授業研究は、そのためだけの独自の国際学会を持っているのです。

さらに、この国際学会は、日本の一部の授業研究信奉者のような人たちではなく、世界の様々な地域の研究者が集まって作ったものです。実際、授業研究の国際学会の創設者には、日本だけでなく、東アジアの諸地域（香港、上海、北京、シンガポール）、さらに、オーストラリア、スウェーデン、イギリス、アメリカの研究者がいます。このことから、授業研究が世界から興味を持って迎えられていることは明らかです。また、授業研究への国際的な注目の高まりは、最近OECDが授業研究の考え方を基本アイディアとして、革新的な学習システムのあり方を世界に提案していることからもわかります（詳しくはOECD2015）。

†なぜ教員免許更新制を導入？

「授業研究」が世界に広まっていく一方で、日本国内では教員免許更新制が議論され、実際に導入されました（表3－3）。このあたりの話の流れを追ってみましょう。2000

年頃から、日本では学力低下が広く議論されるようになりましたが、それを受けて、第1次安倍晋三政権は2006年に教育再生会議を設置しました。教育再生会議の中で、教員の質の低下が学力低下の一因であるという認識のもと、教員免許更新制が提案され、2007年に法制化、そして2009年に現場に導入されました。

では教員免許更新制とは何か？　これは文字通り、教員の免許を一定期間ごとに更新するものです。運転免許と一緒ですね。教員免許更新制の目的は教員の能力の保持・向上ですが、それを教員コミュニティの内発的な活動に任せるのではなく、講習を担当する外部専門家に委ねる点で、授業研究とは異なっています。

もちろん、授業研究も十分にやりながら、外部専門家の講習を受けるというのだったらいいですが、そういうわけにはいきません。学校の先生方の持っている時間は限られていますから、教員免許更新のために時間や労力を割いたら、授業研究がその分だけできなくなってしまいます。

右で述べたような授業研究と教員免許更新制の考え方の違いを理解した後だと、授業研究への国際的な注目の高まりと、国内の教員免許更新制導入は、実に不思議な取り合わせだと感じられます。授業研究が国際的に評価されている理由の1つは、それが教員の内発性に基づいた現場主義の活動であるところにあります。それにもかかわらず、国内では、教員の内発性に基づかない教員免許更新制が導入されたのです。

†教員のいない教育政策

これでいいのでしょうか？　私たちは、「教員免許更新制はくだらないからやめるべきだ」などと言っているわけではありません。だいたい私たち著者は、教員免許更新時に、どんな講習が行われているのか、内情をよく知りません。私たちが問題としているのは、教員免許更新制自体ではなく、それを導入するに至る議論のあり方です。特に、その議論の際に、これまで使われてきた授業研究の役割や特色を国際的な観点から十分に吟味したのか、というところを問題にしているのです。

もう少しはっきり言えば、教員免許更新制を議論する際、授業研究に対して国際的に注目が高まってきているのを、教育行政に携わる方々は十分に認識していなかったのではないか、と私たちは疑っているのです。もし授業研究に対する国際的な注目・評価を知っていたのなら、教員免許更新制という新しい制度を導入するのではなく、今ある授業研究という素晴らしい取り組みを十分に活用できるよう環境を整備するという方向もあり得たはずだからです。

そういう方向についても検討したうえで、それでも教員免許更新制の導入が必要だと判断したなら、それはそれで理解できます。ですが、もし授業研究を十全に生かすという可能性を検討していなかったのだとしたら、教育行政に携わる方々は、国際的な視点を欠いていたと言わざるを得ないように思います。

もちろん文部科学省も、別に教員免許更新制をどうしても導入したかったわけでもないでしょう。それでも、おそらくは政治的な圧力などに抗することが結果としてはできなかったわけです。もし文部科学省が、授業研究に関する国際的学術研究の動向を知っていたなら、それを使って政治的圧力に抗することができたのではないでしょうか。

残念ながら、教員免許更新制の導入以降も、教員の能力の保持・向上を教員コミュニティの内発的な活動に任せるのではなく、外部に委ねる動きが強まっています。この点については、日本大学の広田照幸先生が『教育改革のやめ方』(岩波書店)という本で詳しく検討していますので、そこから一例を引きましょう。第2次安倍晋三政権下における教育改革の議論において、教員の能力の保持・向上のために必要なことが議論されました。その議論では、

教育委員会と大学などの関係者が教員の育成ビジョンを共有しつつ、各種の研修や免許状更新講習、免許法認定講習、大学などが提供する履修証明プログラムや各種コース

などを積み上げ、受講証明や専修免許状取得が可能となるような体制が構築される必要がある。

とされています。この文章は、「これからの学校教育を担う教員の資質能力の向上について」という2015年の答申にあります（文部科学省のウェブサイトで閲覧可能）。この文章に賛同できますか？　教員の育成ビジョンを考える主体として、「教育委員会」と「大学」が書いてあるのに、「教員」は書いてありません。つまり、教員の能力の保持・向上のために、教員の内発性は重要ではないと言われているように読めてしまいます。これでよろしいのでしょうか？　世界では、授業研究に代表されるような、教員の内発性を重視した取り組みが評価されているというのに。

†経済界・政界からの圧力

ここまで、私たちは教育行政に携わる方々に批判的なことを書いてきました。ただ、同時に彼らに対して同情もしています。というのも、教育行政に携わる方々（特に文部科学省の官僚の方々）は経済界・政界からの圧力を絶え間なく受けているからです。私たちは研究者ですから、少し離れたところから好きなことを言っていればいいのですが、彼らはそういうわけにいきません。複雑な世の中の現実に常に直面しながら政策決定をすることが求められるわけです。

特に経済界は、経済成長が芳《かんば》しくない理由を教育に求めがちです。とりわけバブル経済が崩壊してから、その傾向が強まりました。1990年代以降、日本経済はかつての強さを取り戻すには至らず、経済界はそれを教育のせいにしてきました。さらに困ったことに、経済界のこうした論理を、政界もしばしば受け入れてしまいます。

こうなってしまうと、経済成長がない限り、日本の学校教育はダメだと、経済界からも政界からも言われ続けることになります。その結果、文部科学省の官僚も次々と教育「改善策」を作り、実施しなくてはならなくなります。しかし、その「改善策」というのは、しばしば十分な吟味もなく作られて実施されるので、ただ現場を混乱させるだけに終わりがちです。

私たちも、大学レベルでのことではありますが、「改善策」がいかに現場を疲弊させうるものかを肌で感じてきました。著者の1人(ラプリー)は日本の国立大学に今も勤めていますし、もう1人(小松)もかつて日本の複数の国立大学や研究機関に勤めていました。私たちはともに、大学法人化以降の各種の「改善策」によって、研究や教育に向けられる時間が減り、大学の本務が十分に行えなくなってきている現状を知っています。大変残念なことです。

†経済界が問題では?

私たちから見れば、経済界からの学校教育に対する批判は、二重の意味で的外れです。第1に、経済界はしばしば経済成長がないことを問題視しますが、それが問題かどうかは自明でありません。私たちは経済を成長させるために生きているわけではありません。経済成長がないことが問題になる根本原因は、それがないと回らないような社会を作ってしまったことにあります。とするならば、私たちは必ずしも経済成長を取り戻す必要はなく、経済成長がなくても回る社会を作ることを目指してもいいはずです。

第2に、仮に経済成長がないのが問題だとしても、学校教育が悪いからだというのもまた、自明なことではありません。日本は、21世紀型の社会で必要とされる能力を測るピザテストで優秀な成績をあげています。つまり、日本は21世紀にふさわしい「人材」を作り出すことに成功しているわけです。

「人材」という言葉は、人間の経済的有用性の面をあまりにも強調しているため、私たち著者は好きではありません。けれども、とりあえず今の議論では必要なので使います。とにかく、日本には21世紀にふさわしい「人材」が溢れるほどいるわけです。これは他国からしたらとてもうらやましい状態です。なのに経済成長がないのだとしたら、その責は、優秀な「人材」をうまく使えていない経済界にもあるはずです。

学校教育が悪いから経済成長がない、という考え方が的外れなことは、賃貸住宅の例を使うともっと明確になります。ある場所に集合住宅があって、そこの住人がみんな近くの会社で働いているとしましょう。その「会社の経営者」が経済界のメタファーです。経営者は言います。「わが社の業績が振るわないのは、集合住宅が悪いせいだ」

なるほど。たしかに社員が環境のいい住宅に住んで生活を楽しんでいることは、会社の業績にとってプラスの影響を持っているかもしれません。きっと住宅環境と会社の業績には何らかの関係があるでしょう。しかし、社員の住宅環境と会社の業績の関係はそれほど直接的というわけでもないでしょう。それに社員の住宅環境はけっこういいのです。でしたら、会社の業績が振るわない原因は、住宅環境以外にあると考えるほうが自然です。それと同じように、経済が振るわない主な原因は、学校教育以外にあると考えるほうが普通ではないでしょうか。

†学力と経済の「神話」

たしかに、かつて学校教育や学力と経済の関係はかなり緊密だと思われていた時代がありました。アメリカ・フーバー研究所のエリック・ハニュシェック教授が、ピザなどの国際比較テストの結果と経済成長の関係を調べて、非常に強い相関を報告したからです。この報告があったからこそ、世界各国はこぞってピザに参加し始めたのです。ピザを受ければ、その国の今後の経済成長が予測できるし、その国がピザで測られる学力を向上させることができれば、将来の経済を活性化できるからです。

ピザの実施主体であるOECDも、ハニュシェック教授にピザの有用性についての報告書を作成してもらい、いわば世界中にピザを売り歩きました。「売り歩いた」というのは比喩ではなく、文字通り売り歩いたのです。実際、ハニュシェック教授が執筆した報告書の表題は、"The High Cost of Low Educational Performance: The Long-Run Economic Impact of Improving PISA Outcomes" です。わかりやすく意訳すれば、「教育がうまくいかないと高くつく——ピザの点数を上げることによる長期経済への影響」となります。この意訳をさらにわかりやすく表現するなら、こうなります。「あなたの国もピザを受験してOECDのアドバイスを受ければ、長期的な経済成長ができます。ピザを受けないと損をしますよ」。こういう感じです。

こんな報告書を読んだら、教育こそが経済成長を決めるのだと信じてしまっても致し方ないかもしれません。ですが、私たち著者がハニュシェック教授の使ったデータをよくよく調べてみると、何かがおかしいのです。

ハニュシェック教授は、国際比較テストと経済成長を比較しているのですが、それらのデータの対象期間がほぼ同じなのです。それはつまり、例えば2020年の子どもたちの能力と2020年の経済成長を比較しているようなものなのです。実際には、子どもが大人になって経済成長に貢献する主体となるためには、数十年かかります。この数十年のタイムラグを考慮に入れなければ、学力が経済に与える影響を正しく見ることができません。

私たち著者は、この数十年のタイムラグを考慮して、ハニュシェック教授の使ったデータを再解析してみました。そうしたら、国際比較テストの結果と経済成長の関係は非常にあいまいなものになってしまいました。この解析結果は、教育と経済の関係についてのこれまでの考え方に再考を迫るものだったので、非常に多くのメディアにとりあげられました。

例えば、私たちはアメリカの主要なメディアである「ワシントンポスト」に寄稿し、もう少し専門的な教育関係のメディアにも多数の記事を書きました。また最近では、アメリカを代表する経済誌である「フォーブス」誌にも、私たちの研究を紹介する記事が掲載されました。

この記事の見出しがなかなか傑作で、"The Truth About Education Policy Is That It's

Based On A Myth"となっています。日本語に訳すと、「教育政策についての真実、それは、教育政策が神話に基づいていること」というような意味です。

ところで「フォーブス」誌、ご存じですか？　世界長者番付を発表しているメディアと言えば、もしかしたら思い当たる方もいるかもしれません。世界長者番付は日本でも毎年報道されますから。

†反論はデータを駆使して

さて、ここまで述べてきたように、学校教育や学力と経済の因果関係は、さほど自明ではないのです。経済成長には様々な要素が関係しており、学力はその中の1つでしかありません。しかも、日本は子どもの学力も大人の能力も高いのです。これは私たちが言っているのではありません。データが言っているのです。

ですから、文部科学省の官僚の方々も、安易に学校教育と経済を結びつける議論から距離をとり、経済界からの学校教育批判に対してもっと反論してもいいように感じますが、いかがでしょうか。

もちろん、これまでも文部科学省の官僚の方々は、経済界に対して反論をしてきたことでしょう。ですがその反論は、研究事例やデータを十分に使ったものだったでしょうか？

研究事例やデータの裏付けのない反論は、今の時代なかなか聞いてもらえません。でも、研究事例もデータもちゃんと存在するのです。それらは教育を経済界や政界の圧力から守ってくれる道具になるはずです。

私たちも実は、研究事例やデータの力を直接的に感じた経験があります。私たちは2人とも、カンボジアにおける世界銀行のプロジェクトで働いていました（小松は現在も働いています）。世界銀行は2010年からカンボジアに120億円余りを融資し、カンボジアの大学における研究・教育の質を高めることを目指しています。

この世界銀行プロジェクトのデザイン段階において、世界銀行チームのリーダーは、産業に直接影響を与える研究だけを推進しようとしていました。世界銀行は国際機関ではありますがやはり銀行なので、融資が将来きちんと返還されるよう、経済成長に直接貢献する研究だけをサポートしようとしていたのです。しかしそれでは、社会基盤整備のように経済成長に直接は関わらない研究はできないことになります。例えば、洪水被害を軽減する研究や、大気汚染対策の研究などです。それではカンボジアの将来は暗いと思いました。

そこで私たちは、ある研究機関が出しているデータを使いました。それは洪水による世界各国の経済的被害を推計したものでした。それによると、カンボジアは毎年、国内総生産の3・4％を洪水被害によって失っています。そしてこの3・4％という被害の割合は、バングラデシュに次いで世界第2位なのです。

このデータをもとに、洪水被害軽減のための研究は間接的に経済成長に貢献するという話を、世界銀行チームのリーダーにしました。幸いリーダーは柔軟な人で、私たちの話に耳を傾けてくれました。最終的には、社会基盤に貢献する研究や政策決定のための研究もプロジェクトで推進できるようになりました。

もし、私たちがこの研究事例を知らず、データを提示することができなかったらどうだったでしょう？　もちろん、世界銀行チームのリーダーは考えを変えてくれたかもしれません。ただ研究事例とデータがあるからこそ、私たちが言っていることの重要性が、よりわかりやすかったとは言えると思います。リーダーは私たちの話に納得し、提示した研究事例とデータを使って関係者を説得してくれました。こうして社会基盤に貢献する研究や政策決定のための研究も、プロジェクトで推進できるようになったのです。

この経験が示すのは、政策決定における研究事例やデータの重要性です。それらさえあれば、ときに教育を経済界や政界の圧力から守ることができるのです。文部科学省などで教育行政に携わる方々は、常に多忙だとは思うのですが、国際比較のデータや研究事例を今一歩広く深く知っていただけたらと思います。そのことが、きっと教育行政をより良いものにすることにつながると、私たち著者は考えます。

提案4　もっと世界に発信を——教育研究者・メディア関係者へ

†批判的な教育研究者たち

最後に、教育研究者・メディア関係者への提案です。まずは教育研究者に対する提案から始めましょう。私たちの感覚では、日本の学校教育に最も批判的なのが教育研究者です。著者の1人（ラプリー）はアメリカ人ですが、日本に住んで12年になります。アメリカの学校教育と比較したら、日本の学校教育は総合的に見てたいへん素晴らしいと感じています。しかし、日本の教育研究者に対して、なぜ日本の学校教育が成功しているのかを質問しても、まともに答えてもらえたことはほとんどありません。

まともに答えてもらえないというのは、成功の原因について明瞭な答えがもらえないということではありません。そもそも「日本の学校教育は成功している」ということ自体を否定されてしまうのです。例えば、私が「日本はどうやって子どもたちに高い学力をつけさせているのか？」と訊ねても、「日本の子どもたちは成績が良くても創造性がない」とか、「日本にはいじめという日本特有の大きな問題がある」と言われ、そもそも日本の学校教育はうまくいっていないという趣旨の答えしか返ってこないのです。

ですが、本書で見てきた通り、ピザで計測できるような創造性について言えば、日本人はアメリカ人よりもずっと高い水準にあります。また、いじめについても決して日本に特有のものではなく、どこの国にもある問題です。もちろん、いじめは常に深刻な問題であり、継続的な対策が必要なのは当然です。しかし一方で、いじめの度合いで言えば、日本はアメリカよりも低く、世界の他の国と比べても低い部類に属します。

なぜ日本の教育研究者は、これほどまで日本の学校教育に対して批判的なのでしょうか？　おそらく、それは歴史的な理由によるのだというのが、私たちの考えです。日本は、明治維新以来、西洋に追いつくことを目標にしてきました。このことは、例えば福澤諭吉が明治期に著した『文明論之概略』を思い出せばよくわかります。福澤はこの本の中で、国を未開状態から文明的状態に向かって進歩するものと仮定しています。この進歩の軸の中で、欧米を文明的状態にある国と位置づけ、日本をそれに対して劣ったものと位置づけています。そして、福澤は日本を欧米の水準に引き上げることを主張します。

このように、日本を欧米に対して劣位に置き、欧米の水準に引き上げようとする考え方を、ここでは「キャッチアップ精神」と呼びましょう。この「キャッチアップ精神」は、福澤だけでなく、明治以降、日本の多くの知識人に共有されていました。ですから、大学の研究者が、西洋の素晴らしい知識や制度を日本の行政機関や市民に紹介し、日本の隅々にまで広めることにいそしんだのも自然なことです。

この「キャッチアップ精神」は明治期にだけにあったわけではなく、今もなお生き続けています。実際、戦後復興は明治的なキャッチアップ精神の上に展開しました。本書は教育を扱っていますから、教育に関連した部分に注目して説明してみましょう。

日本は戦争で、アメリカに完膚《かんぷ》なきまでに叩きのめされました。ですから、戦争直後の日本では「日本はダメだ。アメリカから学ばなければならない」というのが基本前提となりました。つまり、敗戦によって日本は「キャッチアップ精神」を強化したのです。この強化されたキャッチアップ精神と戦争責任の追及という観点から、過去の日本について肯定的なことを述べる人間は、大学や行政機関から追放されました。

また、この「キャッチアップ精神」がことさらに強かった戦争直後に、日本の教育学の骨格ができたことも重要です。日本の教育学の主要な学会は、この時期にスタートしました。日本教育学会や日本教育社会学会などがそうです。

加えて、戦争直後に日本各地の大学に教育学部が作られました。それは、戦後の中学校義務化とベビーブームによって、多くの学校教員が必要とされたからです。こうしてできた学会や教育学部などの諸機関を通じて、「キャッチアップ精神」は日本社会に広がっていきました。

†アメリカからの輸入品

そして、現在に至ります。今でもこうしたキャッチアップ精神は衰えているようには見えません。著者の1人（ラプリー）は、大学時代はアメリカで、大学院時代はイギリスで過ごしましたが、最近の日本の教育政策を見ていると、そのほとんどがアメリカやイギリスからの輸入品であることに驚きます。

たくさん例がありますが、その1つは先述したアクティブラーニングです。これは実は1990年代のアメリカの主要教育政策で、それを日本の文部科学省が輸入したのです。これが「輸入」であったことは、アクティブラーニングに関する文部科学省の議論で使われた資料（例えば、文部科学省「教育課程企画特別部会　論点整理　補足資料5」）からも見て取れます。

文部科学省はアクティブラーニングを、アメリカ人研究者であるチャールズ・ボンウェルとジェームズ・エイソンの報告書に基づいて定義しています。そして、著者の1人（ラプリー）の京都大学の同僚である西岡加名恵先生によると、この報告書こそが、アメリカでアクティブラーニングの定義を確立したものだということです。

もちろん「輸入」は何があってもダメだと言いたいわけではありません。ここで指摘したいのは、「輸入」の背景にはキャッチアップ精神があるということです。キャッチアップ精神が生き続けているから、日本人はアメリカ人・イギリス人と比較して、能動性・自立性が欠けている（アクティブでない）と感じられるのです。そして、その欠落を埋めるために教育を変えれば、日本の子どもたちは創造的になり、最終的に日本の経済や社会が良くなると信じられるわけです。

この信仰がとても強いためか、アクティブラーニングはアメリカでは主に大学レベルの教育政策であるのに、日本では小学校から大学まで大々的に取り入れる方向に進んでいます。このようにアクティブラーニングは、元々の文脈から拡大されて輸入されているのです。

さらに悪いことに、日本はアクティブラーニングを輸入したことさえ忘れてしまっています。ですから、輸入元のアメリカでその後どうなったのか、調査も報道もされません。実は、輸入元のアメリカではアクティブラーニングはすでに下火で、今は「反転授業」という手法のほうが盛んです。これは、生徒があらかじめ教材を学んだのちに授業に参加し、教室ではより高度なディスカッションなどを行うというものです。

私たちも、アメリカの研究者たちと一緒に、ＥＵの大学院生向けトレーニングコースの講師をした際に、この反転授業を行いました。著者の1人（小松）が今勤めている国立台湾大学でも、反転授業は盛んに行われています。日本の学校でも、2010年代から取り入れた事例がちらほら見られますから、日本が教育政策としてアクティブラーニングを導入して10年も経たないうちに、今度は反転授業を学校教育に大々的に導入しようとする動きが研究者たちから現れるかもしれません。その頃、アメリカでは反転授業はどうなっているでしょうか？　もしかしたら落ち目になっているかもしれません。

†日本の方がいいのになぜ模倣するのか？

これまで論じてきたように、日本の教育研究者たちは、アメリカやイギリスなど海外ばかり見て、日本の学校教育に対して概して批判的です。この点については、オックスフォード大学の苅谷剛彦先生の近著『追いついた近代 消えた近代』（岩波書店）で詳細に論じられています。

でも、考えてもみてください。少なくともピザのデータによると、日本の子どもたちはアメリカ・イギリスの子どもたちよりも創造的なのです。それなのに、アメリカ・イギリスの教育政策を模倣するというのは、いささか倒錯的ではないでしょうか？

もちろん、「ピザで計測できる創造性は本当の創造性ではない、本当の創造性をつけるためにはアメリカ・イギリス型の教育が必要だ」という反論は可能です。でも、その「本当の創造性」とは何なのでしょうか？　そして、それはアメリカ・イギリス型の教育で本当に養うことができるのでしょうか？　アクティブラーニングを導入する際に、こうした問いについて十分な吟味がなされたのでしょうか？

それでも、次のように言う方もいるかもしれません。「アメリカは経済が強い。アメリカの学校教育の良さは、その経済が証明済みだ」と。たしかに、国民1人当たりの国内総生産は日本よりアメリカのほうが高いです（図3－7）。イギリスは日本とあまり変わりませんが、アメリカの経済がある観点からすると、日本より良いのは間違いないでしょう。

世界銀行の最新のデータセットによると、アメリカの国民1人当たりの国内総生産は、データが得られる187の国と地域のうち9位です。日本は30位です。アメリカ経済の強さについて、アメリカの学校教育がその主要因だとは思いませんが、まったく無関係ということもないでしょう。

†なぜアメリカなのか？

でもなぜ「アメリカの学校教育に学べ」であって、「香港の学校教育に学べ」ではないのでしょうか？　「シンガポールの学校教育に学べ」ではいけないのでしょうか？　香港

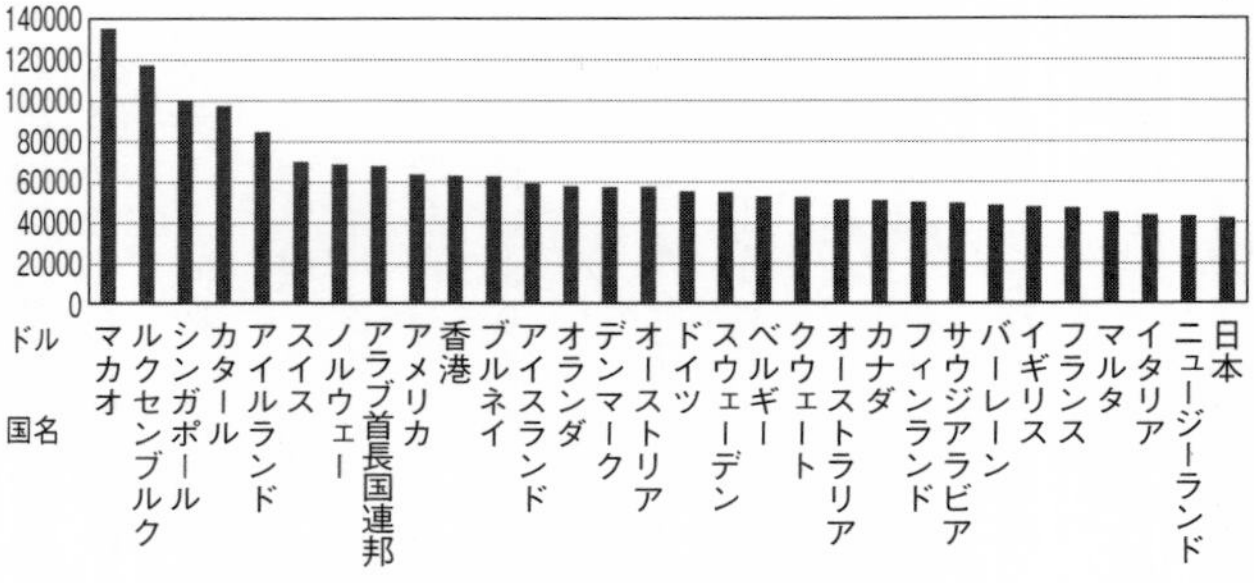

図 3-7：1 人当たりの国内総生産（上位 30 位）
出所：World Bank ウェブサイト

の国民1人当たりの国内総生産はアメリカとほとんど同じです。シンガポールはアメリカをしのぎます（図3-7）。そして文化的には、日本はアメリカよりも、香港やシンガポールに近いはずです。日本にとっては、香港やシンガポールから学ぶほうがずっと容易だろうと思われます。

さらに言えば、経済を見るときに、なぜ1人当たりの国内総生産に注目するのでしょうか？ 1人当たりの国内総生産は、1人当たりの生み出した富の総量ですから、国民1人が富を生み出す効率を評価しています。たしかに効率も大事ですが、得られた富が平等に配分されているかも重要です。そして平等性という観点からすると、日本はアメリカよりもかなり良いのです。

社会の平等性の指標として、同じ社会の中でどのくらい所得に格差があるかが使われます。所得の格差を

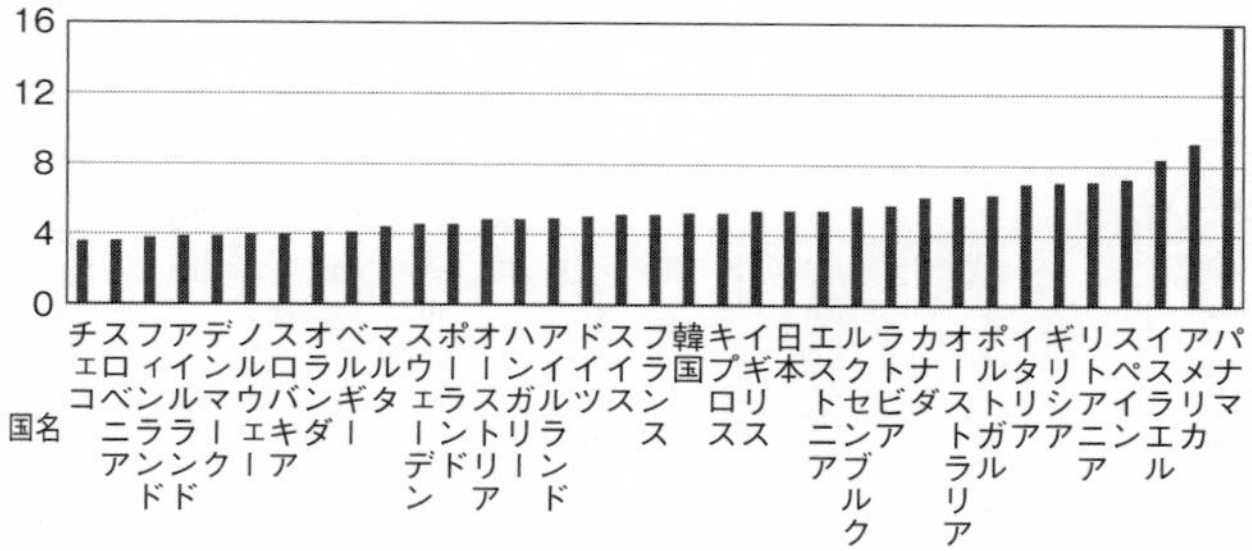

図3-8：所得の格差（左ほど格差が小さい）
出所：UNDP2019

表現するのにいくつか指標がありますが、その1つとして、社会の中で所得が多い順に人を並べた場合の上位20％と下位20％の所得比率が使われます。この比率が小さければ、より格差の小さい平等な社会であるということになります。

この比率の国ごとの値を示したのが、図3－8です。ここでは、国民1人当たりの国内総生産がある程度大きい（3万ドル以上）国と地域に限ってデータを示しています。アメリカは、データのある35の国と地域の中で、平等な方から数えて34番目です。つまり、2番目に不平等な国です。日本も平等な方から数えて22番目なので、決して平等とは言えませんが、それでもアメリカに比べるとかなり平等です。余談ですが、日本は、上記の比率によると1990年代にはかなり平等でしたから、この20余年でアメリカに近づいてきているとも言えます。

†問題山積のアメリカ

経済的側面だけでなく、より広く社会的側面を見てみると、アメリカが問題を抱えていることは明らかです。平均寿命、乳児死亡率、精神疾患、薬物・アルコール依存症、犯罪のいずれから見ても、日本はアメリカよりもずっと良い状態にあります(表3－4)。

日本人の寿命の長さはよく知られていますが、日本は乳児死亡率も非常に低く、寿命と乳児死亡率はともにOECDを中心とした44カ国の中で最も良い値です。アメリカはそれぞれ29位と33位で、中の下あたりに位置しています。また、摂食障害、うつ病などの精神疾患に関しても、日本はわりと少なく、アメリカよりも優れています。薬物依存については、日本は18位と誇れるほどの順位ではないですが、アメリカは37カ国中最下位です。

アメリカの薬物依存は深刻で、薬物濫用による死者数は年間7万人ほどになります。7万人と言えば、日本の地方小都市の人口と同じくらいです。では、アメリカでは薬物の問題が深刻な代わりに他の依存症が少ないかといえば、そういうわけでもなさそうです。実際アルコール依存を見ても、アメリカは日本よりもずっと多いようです。殺人については、日本はOECDを中心とした41カ国の中で最も少ないのに対して、アメリカは34位です。

日本の宿痾《しゅくあ》とも言える自殺においてのみ、日本はアメリカより悪いですが、それでも違

項目	データのある国の数	日本の値（順位）	アメリカの値（順位）
平均寿命（歳）	OECDを中心とした44カ国	84.2歳（1位）	78.6歳（29位）
乳児死亡率（1000出生あたり）	OECDを中心とした44カ国	1.7人（1位）	4.8人（33位）
摂食障害（%）	OECD37カ国	0.5%（14位）	0.5%（18位）
うつ病（%）	OECD37カ国	3.3%（11位）	4.8%（37位）
薬物依存（%）	OECD37カ国	0.9%（18位）	3.5%（37位）
アルコール依存（%）	OECD37カ国	0.6%（3位）	2.0%（25位）
殺人発生率（10万人あたり）	OECD37カ国	0.3人（1位）	4.8人（34位）
自殺率（10万人あたり）	OECDを中心とした41カ国	15.2人（35位）	13.9人（33位）

表3-4：社会的側面の日米比較（「乳児死亡率」「摂食障害」「うつ病」「薬物依存」「アルコール依存」「自殺」の順位は、少ないほうから数えたもの）

出所：「平均寿命」「乳児死亡率」「自殺率」はOECD2019 "Health at a Glance"。「摂食障害」「うつ病」「薬物依存」「アルコール依存」「殺人発生率」はOur World in Data 2020とUnited Nations Office on Drugs and Crime 2020

いは大きくありません。日本は35位、アメリカは33位です。アメリカの自殺が日本と同じくらい深刻だという話はあまり聞きませんが、それは、アメリカには自殺以外に多くの問題があるためかもしれません。一方、日本で自殺の問題が非常に注目されるのは、その他の問題が比較的小さいからなのでしょう。このように、経済ではなく、より広く社会的側面を見てみると、日本の持っている問題はアメリカに比べてはるかに小さいのです。

もし、アメリカの学校教育に学ぶことで日本経済を活性化できると考えるならば、同時に、アメリカの学校教育に学ぶことで、日本の経済的平等や社会的安定性が著しく損なわれる可能性についても考えなくてはならないでしょう。しかし、こうした可能性を真摯に考えたうえで、「アメリカの学校教育に学べ」と主張している教育研究者や教育行政官を、私たちは知りません。

誤解しないでいただきたいのですが、決して「アメリカから学ぶのが誤りである」と言っているのではありません。アメリカから学ぶべきことはきっとあります。それは、ぜひ学ぶべきです。私たちが言いたいのは、自分たちが何を学びたいのか、そして、それはどこの国から学べるのか、学ぶことでどのような作用と副作用がありうるのかを現実に即して考えようということ。そして、そういう現実的な側面を考えずに、アメリカをただ模倣するのは危険だということです。

†国際比較から日本を見よう

研究者が、日本を効率よく西洋化する方法を考える時代は終わったのです。日本社会は完璧ではないですし、他国から学ぶべきことも多々あるとは思います。ですが、盲目的な模倣は、日本社会の良い側面を破壊してしまう危険があることを考えるべきです。

ですから、現在の日本における研究者の役割は、第一に、日本と他国の比較を通じて、日本の国際的な位置づけを明らかにすることです。それによって、日本が何を変えるべきで、何を変えるべきでないのかを理解できます。そして、変えるべき部分については、どの国からどのように学ぶべきなのかを考えることができます。国際比較のデータは、そのプロセスを大いに助けてくれます。だからこそ私たちは、本書を執筆することで、日本の教育研究者が国際比較を始めるお手伝いをしたいと考えているのです。

また教育研究者は、日本の学校教育の良い点を、他国に理解できるような形で国際的に提示していくことも視野に入れるべきです。グローバルな時代というのは、他国から学ぶ機会が多い時代であるとともに、どの国も自国の良い面を国際的に発信することができる時代でもあるのです。

幸い、日本の学校教育の水準は高く、それに対する国際的な関心も低くありません。世界には、日本の学校教育について知りたいと考えている人がたくさんいるのです。だったら、日本の教育研究者は世界に向けてもっと発信を行うべきではないでしょうか？

教育分野を含め様々な学術分野で、国際性を高める必要性が認識されています。国際性というのは、英語で論文を発表するとか、外国人を招いて国際シンポジウムを開催するとかいう表面的なことばかりではありません。そうではなく、自国にいてこそ世界に提案できることがあることを認識し、その提案を、世界観を共有しない人にも理解できる形で発信することなのです。

†もっと世界に発信を

今のところ、日本について世界に何かを発信しているのは主に外国人です。例えば、先ほども触れた『学びの差異』『教えの差異』の著者であるスティグラーは、その代表的な1人です。そして、スティグラーなどによる研究について盛んに議論しているのも、ほとんどが外国人です。日本人研究者はあまりその議論に加わってきませんし、もしかしたら、大多数の日本人研究者は、議論の存在自体を認識していないかもしれません。

これは残念な事態です。当たり前のことですが、日本人研究者は外国人研究者よりも、日本の事情に精通しているはずです。ですから、日本からの発信の主体の中には、日本人研究者がいる方が自然です。もちろん日本からの発信を日本人だけがすべきだと考えているわけではありません。そもそも私たち著者の1人はアメリカ人です。私たちが言いたいのは、日本から発信をする研究者の中には、日本人も一定数混じっているのが自然だということです。それなのに、日本人研究者がほとんど見当たらないのはどうしたことでしょうか。

なぜ日本人研究者は、世界に発信することが少ないのでしょうか？　想像するに、日本人研究者は、日本を内側から見るのは上手だけれども、外側から見るのに慣れていないことが一因のように思います。でも、日本を外側から見たら、面白い疑問はもっとたくさん出てくるはずです。

本書でも触れましたが、日本の子どもたちの勉強時間は世界的に見て少ないのに、なぜ世界トップレベルの学力を維持しているのか？　こんなシンプルな疑問ですら、日本を内側から見ているだけでは認識されることがありません。しかも、その答えは、日本の教育研究者だけでなく世界中の教育研究者が知りたいものです。その答えによって、学力向上のために何が必要なのかについて認識をさらに深めることができるからです。

このように、日本人研究者が内側からだけでなく外側から自国を見られるようになることには、様々な効果があります。幸い、今は国際比較データがたくさん存在します。本書で紹介したデータは、そのごく一部でしかありません。それに、ほとんどのデータは簡単に手に入り、無料で使えます。教育研究者のみなさん、そうしたデータを使って、日本の学校教育についてもう一度考え直してみませんか？

†日本を肯定するのは「国家主義的」か？

日本の学校教育について、日本人研究者からの発信が少ない理由は、もう1つあるかもしれません。それは敗戦と関係しているというのが、私たちの見立てです。敗戦後に日本の主な教育学会が設立され、日本の教育に対して肯定的な研究者が排除されたことは先に触れたとおりです。この環境のもとでは、日本に対して肯定的な意見を述べると、ただちに戦前への回帰であると見なされてしまう可能性がありました。

たしかに戦前への回帰の危険は常に存在しますから、十分な注意を払う必要はあったでしょうし、今もあると思います。ですが、日本に対して肯定的な意見がまったく述べられないというのは不毛だというのが、私たちの考えです。

私たちは、本書のように、データと根拠を示しながら、「日本の教育は言われているほど悪くない」という論文を書いてきました。しかもそれを日本の教育学会ではなく、国際的な教育学会で発表してきました。そうした私たちに対しても、ときに「国家主義的」という評価が日本の教育研究者の中でなされることがありました。

もちろん、データも根拠も示さずにただ日本を礼賛しているのだとしたら、それは国家主義的と評価されても致し方ありません。また、国際的な批判を受け付けない態度を取っているなら、なるほど国家主義的かもしれません。ですが、私たち著者はそうではありません。データと根拠を示し、反論が可能な形で、国際的な教育学会において論文を発表してきたのです。また私たちは、自らの論文への反論を通じて、日本の学校教育に対するより多様な、そして立体的な見方を学びたいと望んでいました。こういう姿勢をどうして国家主義的と言えるだろうかと不思議に思います。

†国家主義を防ぐために

さらに不思議なのは、「日本の教育はダメだ」という批判的なスタンスが、必ずしも国家主義を防ぐうえで有効に見えないことです。日本では2006年に教育基本法が改正されましたが、日本の教育研究者の多くは、この教育基本法改正を戦前回帰と批判しました。新しい教育基本法には「国を愛する心」や「伝統の尊重」などが盛り込まれたからです。

この新しい教育基本法の可否について、ここでは論じません。私たちが問題にしたいのは、教育研究者たちがなぜ教育基本法改正を防ぐことができなかったのか、です。もちろん理由は色々あるでしょうが、私たち著者は、その1つとして、新しい教育基本法を批判する教育研究者たちの多くが、教育基本法を改正したい人たちと、同じ仮定を共有してしまっていたことを指摘したいのです。それは、「日本の教育はダメだ」という仮定です。

教育基本法を改正したい側は、当然、「今の日本の教育がダメだから改正したい」という論を立てます。実際、文部科学省が教育基本法改正の年に作成した「新しい教育基本法について」というパンフレットの冒頭には、それまでの教育の問題・課題が列挙してあります。学校に関する問題・課題として、「いじめ・校内暴力などの問題行動」「質の高い教員の確保」、子どもに関する問題・課題として、「学ぶ意欲の低下や学力低下傾向」が挙げられています。

ここにある仮定は、「日本の学校教育ではいじめや校内暴力が問題となっており、先生の質も低く、子どもたちの学ぶ意欲も学力も下がってきている」というものです。これらは、日本の多くの教育研究者にも共有されていました。しかし、同じ仮定を共有してしまえば、教育基本法改正に反対することは難しくなります。あるいは、反対したところであまり効果が期待できません。

本書で私たちは、上記の仮定の多くが誤りであることを知りました。もし本書で行ったような分析が2006年以前に行われていたなら、もしかしたら教育基本法改正を防ぐことができたかもしれないわけです。なぜなら、例えば教育基本法改正が必要な理由の1つが「日本の学校でいじめが多いこと」であるならば、本書で示したデータを使って、いじめはどの国にもあり、日本のいじめの度合いは特に高いわけではないと反論することができます。

重ねて書きますが、私たち著者は教育基本法の改正の可否を論じているのではありません。もし改正が国家主義の復活であり、それを阻止したいと教育研究者が考えていたなら、「日本の教育はダメだ」というスタンスは効果的でなかったのではないか。むしろ、国際比較のデータを使って、日本の教育が本当にダメなのかどうかを検討するほうが、より効果的だったのではないか。このことを主張したいのです。

†国際比較データを疑え

教育研究者のみなさん、だんだんデータの国際比較をしたくなってきたでしょうか？もし興味が湧いてきたら、私たち著者から1つだけ注意があります。それは、「データをそのまま使っていい場合と、そうでない場合がある」ということです。例えば、勉強時間のようなわりと客観的な指標を見るときには、データをそのまま使っていい場合が多いです。

一方、「幸せかどうか」のように主観的な指標を見るときには、データをそのまま使うことに危険が伴います。主観的指標には、その指標を作った人の価値観が反映されているからです。先ほども触れましたが、「学校が楽しいか？」と子どもたちに訊いた場合と

「生活に満足しているか？」と訊いた場合で、国のランキングが大幅に変わってくるのです。

この点については国際的にも少しずつ認識が深まってきているようで、最近の世界幸福度調査でも、単に生活全般への満足度を訊ねるだけでなく、「どのくらい嫌な感情を経験するか」などを訊ねるようにもなってきました。つまり、「満足度が高いほうが幸福である」という価値観だけでなく、「嫌な気分を味わわないのが幸福である」という価値観も存在することが、理解されるようになってきたということです。このように、主観的な指標を見るときには、様々な指標のデータを相互比較することで、各指標が何を測ろうとしているのか、どのような価値観に基づいているのかを理解することが大事です。

幸福度などのような主観性が明らかなものについて、価値観に対する敏感さが必要なことは理解しやすいですが、ピザの読解テストのスコアのように、客観的に見えても用心しなければならないものもあります。

第1章で論じた通り、読解というのは、言語・文化への依存性が数学や理科よりも高いのです。実際、ピザの結果でも、読解のスコアが数学や理科に比べると低いという傾向が、日本を含む東アジア諸国で集合的に認められました。つまり、ピザの読解テストが、東アジア諸国の文化と適合していないかもしれないわけです。ですから、ピザの読解スコアを国際比較する際には、読解の問題の文化的側面を考慮しないのはいささか危険そうです。

同様に、価値観の違いに敏感であることは、OECDなどの国際機関や他の研究者の見解を参考にする際にも重要です。とりわけOECDは先にも述べたように、データ解析において、ヨーロッパ的価値観を無意識に前提としていることがあります。もちろん、OECDには悪意はないでしょう。自分自身の踏まえている価値観を理解するというのは、なかなか難しいことです。自分の価値観が世界で支配的である場合には特にそうでしょう。ですから、OECDや他の研究者の見解を参考にする際にも、その背後にどのような価値観が横たわっているのかについて敏感である必要があります。そうしなければ、ヨーロッパ的ではないというだけで、日本や東アジアの国々をダメな国と勘違いしてしまいかねません。

このような点に注意は必要ですが、それを除けば、データの国際比較というのは、さほど難しいものではありません。少しやれば、簡単にできるようになります。日本で国際比較の研究がこれから盛んになることを、私たち著者は期待しています。

†メディアへの提案

ここまで、研究者に対する提案を書いてきましたが、ほぼ同様のことが、メディアに対しても言えます。メディアも研究者と同様「キャッチアップ精神」を強く持っていて、「日本はダメだ」と信じているように見えます。これにも、やはり歴史的な背景があります。そもそも新聞などのメディアの多くは、明治期になって日本に現れたものです。加えて、戦後には、戦時中に戦意高揚に協力した咎《とが》を問われたこともあり、以降日本に対して否定的な記事を書くのがメディアの基本姿勢となりました。

ここでも誤解しないでいただきたいのですが、私たちは、日本に対して否定的な記事を書いてはいけないと言っているのではありません。社会に存在しながらも十分に認識されていない問題にスポットライトを当てることは、メディアの重要な役割です。そのことを通じて、社会で問題を共有し、その解決に向けて私たちが歩み出すことが可能になるのです。ですから、日本に対して否定的な記事を書くべきときがあることは理解できます。

メディアは日本に対して不必要に否定的な傾向がありますが、本書で見てきた通り、そうした傾向は、国際比較のデータを使うことによって十分に修正されうるものです。ただ残念なことに、メディアはほとんどの場合、国際比較のデータを十分に利用することはありません。

例えば、メディアにおいて、創造性を育む教育の事例としてフィンランドが紹介される場合がありますが、フィンランドが創造性を育むことに成功している証拠はどこにあるのでしょうか？　たしかに、2000年代にフィンランドはピザで日本より良い成績をあげていました。しかし、第1章で見たように（図1－10）、フィンランドの成績は低下の一途をたどり、最近では日本に及びません。

それにもかかわらず、「創造性を育む、すばらしいフィンランドの教育」という2000年代の「神話」のようなものだけが今も生き残り、メディアはその「神話」を強化するのに一役買っているように見えます。それでいいのか、それが本当にメディアの果たすべき役割なのだろうかと思うのです。

もちろん、ピザは創造性の一部を計測しているに過ぎませんから、日本のほうがフィンランドより成績が良いからと言って、日本のほうが創造性を育むことに成功しているとするのはいささか単純すぎます。ですが、メディアの記事を読んでいてよくわからないのは、フィンランドがどういう種類の創造性の育成に成功しているのか、その創造性は日本の学校教育が育んでいる創造性とどう違うのか、また判断の根拠は何なのか、という点なのです。

今は、国際比較のデータが多数あるわけですから、判断の根拠を挙げることは、完全ではないにしろある程度はできるはずです。根拠を明らかにする作業を怠ると、世の中に存在する通説や個人的な感覚をもとに、「日本はダメだ」という言説を繰り返すだけになってしまいます。

†単純な「物語」を描かない

メディアの記事でも、ときには国際比較のデータを使っているものもありますが、そうした場合でも、データの使い方に偏りがある場合が散見されます。例えば、「日本の子どもたちが幸せな学校生活を送っているか」という点については、ピザなどで色々な種類のデータがとられています。これについては第2章でも論じました。

色々な種類のデータがあるのに、メディアの記事は、その中から「日本の子どもたちが幸せでない」というストーリーに合う部分だけ抜き出してくることがあります。話を単純にしたほうが、記事としてシャープで伝わりやすいものになるということもあるのかもしれません。あるいは「日本の子どもたちが幸せではない」という話をして、世界の素晴らしい教育を日本に紹介していくことが、メディアの使命だと考えているのかもしれません。

しかし忘れてはいけないのは、こういうメディアの姿勢もまた、「キャッチアップ精神」の反映だということです。先に述べたように、盲目的に西洋を模倣する時代はもう終わったのです。今必要なのは、様々なデータを丹念に見たうえで、日本が何を学ぶべきで、それはどこで学べるのか、学ぶことの作用・副作用を十分に検討することなのです。はっきり言って面倒くさいとは思うのですが、もう私たちは単純な時代に生きてはいないのです。

ですから、メディアも時代に合わせて、複雑なものを複雑に伝える姿勢をとっていただけたらと思います。

データを丹念に見たうえで、日本が何を学ぶべきかを考えるのは、簡単ではないかもしれません。それならば、メディアが国際的研究者（日本人、外国人を問わない）を集めて、日本の教育について座談会を行う場を設定してみるのはいかがでしょうか？　そのような場でしたら、メディアがわかりやすい結論を導く必要はなく、教育に関して研究者の間に多様な考え方があることを、読者に伝えることができるように思います。

もちろん私たち著者も、メディアが研究者の考えをまったく伝えていないとは思っていません。特にOECDなどの国際機関の研究者の見解について、メディアは大々的に伝えることがあります。そのこと自体は大切なことです。ただ、先ほども述べたように、OECDの見解はしばしばヨーロッパ中心主義的ですから、メディアがそればかりを大きく報道すると、OECDとは異なる見解が存在することが見えなくなってしまいます。

ですから、メディアにはもっとバランス感覚を持ってほしいと願っています。そのための第1段階として、まずは様々な研究者を集めた座談会を通じて、教育に関する考え方の多様性を世の中に知ってもらうことを提案しているのです。メディア関係者の方々、ぜひご検討ください。

あとがき

本書はこれでおしまいです。いかがでしたでしょうか？　私たち著者が、日本の学校教育に対してずいぶん肯定的なことに驚かれた方も多いかと思います。もう少し正確に言うと、国際比較のデータによって描かれる日本の学校教育の像が、ずいぶん肯定的なことに驚かれたかもしれません。

実は、京都大学の学生さんたちもそうでした。本書の草稿を京都大学教育学部の学部生のみなさんに読んでもらったのですが、大部分の学生は、国際比較のデータから見る限り、日本の学校教育がうまくいっていると結論せざるを得ないことに驚いていました。

一方で、そうした肯定的な評価に反発を感じる方もいると思います。京都大学でもそうでした。この反発は、それはそれで大事なことです。どれだけ国際比較のデータを見せられても、自らの体験をもとに、日本の学校教育に問題を感じるのであれば、その特定の観点からは、日本の学校教育には問題があるのです。

私たちも、別に自分たちの描く像が正しくて、それ以外は正しくないのだと考えているわけではありません。むしろ、本書を出版する意図は「人が描く像というのは観点によって異なる」ということを、読者のみなさんに実感していただくところにあるのです。特に本書では、「日本の外から見た日本の学校教育」という像を提示してみました。

そして、「日本の中から見た日本の学校教育」の像は、ぱっとしないかもしれないけれども、「日本の外から見た日本の学校教育」の像はかなり素敵だ、ということを強調したつもりです。

これは、私たち著者が国家主義者だからではありません。世の中には、「日本すごい」と言い立てる本が溢れていますが、そういうことがしたかったわけではないのです。そうではなくて、日本の学校教育を見る視線が内側からのものに偏りがちであること、その内側からの視線だけでは見ることのできないものがあることを、読者のみなさんに知っていただきたかったのです。

読者のみなさんのほとんどは、日本の学校教育を通じて育ったことでしょうし、また、お子さんをお持ちの方は、お子さんの教育を通じて、日本の学校教育を再び体験していることになります。このように、私たちは日本の学校教育についてよく知っています。ですが、だからこそ物事が見えなくなっている部分も存在します。

本書でたびたび使った賃貸住宅の例で言えば、こうなります。今、ある住宅にあなたは10年住んでいるとします。そうすると、その住宅の内装がどうなっているのか、あなたは熟知しているはずです。ですが、10年間不動産情報を見る機会がなければ、今の住宅が他の物件に比べて良いのか悪いのか、判断はつきません。長く住んでいるからこそ、見えなくなっている部分があるのです。私たち著者は、そういう部分を本書を通じて可視化しようとしたのです。

もちろん、本書で学校教育のすべての側面を検討できたわけではありません。例えば、ICT教育については本書では触れることができませんでした。ICT教育とは、パソコン、タブレット、インターネットなどを使った教育方法のことです。日本の学校教育の現場にも、今後どんどん導入されていくと思いますが、この点について、本書は検討できていません。

また、本書では基本的に国単位のデータを使ったため、国内の格差についての検討が十分ではありませんでした。例えば、都市と山間部の格差や学校間格差は、子どもたちに平等な教育機会を与えるという目的からすると重要な論点ですが、この論点を本書はあまり扱うことができていません。加えて、近年増えてきている移民の子女に対する教育の問題も触れることができませんでした。

このように未検討事項があるという意味では、本書は、「日本の学校教育はダメなのか」という疑問に答えきっていない部分があります。そうではありますが、本書の第1の重要性は、答えを提供するところにあるのではありません。

本書の一番の重要性は、「日本の学校教育はダメなのか」という問いに対して、新しい視点と検討方法を提供しているところです。具体的には、国際比較データを使うことで視点をいったん国内から世界に移し、そこから翻って日本の学校教育を検討するという方法を提案したわけです。

国内からの視点に、国際的な視点を加えることで、日本の学校教育をより多面的・現実的に見ることができ、最終的には地に足のついた形で教育政策を議論することができるはずです。このことこそが、私たち著者が本書で最も強調したい点です。

学校教育に関する議論は、どうしても国内からの視点に偏りがちです。これは、メディアなどの議論においても、教育研究者の議論においても同じです。そもそも学校教育というのは、近代国家の成立と起源を同じくしていますから、議論が国内的になりがちなのは、ある程度仕方がないことです。ですから、意識的に国際的視点を加えていくことが重要なのだ、というのが私たちの主張なのです。

幸い私たち著者は、様々な観点から日本の学校教育を見ることが比較的容易な立場にいました。なぜなら、2人はとても仲がいいのですが、まったく異なった背景を持っているからです。

1人（ラプリー）はアメリカの学校教育で育ち、もう1人（小松）は日本の学校教育で育ちました。ラプリーは日本の学校教育を外側から見る傾向にあり、小松は内側から見る傾向にあります。

一方、ラプリーは大学院で教育学を専攻し、社会や文化について考える人文社会学系研究者ですが、小松はもともと、データを丹念に読み解いていく自然科学系研究者でした。ですから、ラプリーは教育研究者の視点をとる傾向にある一方で、小松は教育研究者とは異なる視点をとりがちです。このように視点の異なる2人が、7〜8年もの長期間にわたって継続的に議論を続けてきました。その議論を通じて、自らがどういう観点をとりがちなのかを、かなりの程度認識できるようになりました。

このように、本書は長い長い議論を基にして書かれていますから、もはや本書のどの部分がどちらのアイディアだったか、私たち自身も覚えていませんし、特に思い出したいわけでもありません。覚えているのは、議論をいっぱいして楽しかったね、ということくらいです。

ですから、本書の著者は小松、ラプリーという順になっていますが、これは、本書への貢献度合いを示しているわけではありません。慣例上必要だったので順序をつけざるを得なかっただけで、それ以上の意味はありません。私たち著者がただただ願うのは、本書によって、日本の学校教育の議論が今より少しだけでも現実的になることです。

そのためには、読者のみなさんのお力が必要です。ご家族と、お友達と、職場の同僚と、ぜひ本書の話をしてみてください。もしあなたが教育大学や教育学部の先生でしたら、ぜひ本書を授業の副読本などとして学生さんに勧めてみてください。私たち著者が、本書の草稿を京都大学教育学部の学部生たちに読んでもらったところ、国内からの視点に国際的な視点を加えることで、学生さんたちの考え方が大きく変わりました。本書は拙いものではありますが、メッセージは明確なので、敏感な学生さんたちはそのメッセージをきっと受け取ってくれると信じています。

もちろん、本書について話をしたり、誰かに勧めていただくにしても、私たちの意見に賛同していただくことをお願いしているわけではありません。そうではなく、日本の学校教育に対する様々な意見の1つとして、私たち著者の意見も加えていただき、議論をする際の観点をできるだけ多様にしたいのです。そうすることが、日本の学校教育を現実的に議論するために大切だと思うからです。

身の回りの人と学校教育について話をするというのは、ささやかなことかもしれません。

大学の一教室で行われる授業で、国際的な視点の重要性について議論をすることはささやかなことかもしれません。ですが、そうしたささやかなことが、少しずつ私たちの考え方を変え、最終的には社会をも変えていくと私たち著者は信じています。本書を最後までお読みくださってありがとうございました。

本書を書きあげるにあたって、多くの方々のお力をいただきました。すべての方々のお名前をここに挙げることはできませんが、本書に直接関わる形でお世話になった方々のお名前を挙げさせていただきます。

最初は、オックスフォード大学の苅谷剛彦先生です。苅谷先生には、本書の草稿に対して貴重なコメントをいただきました。そのおかげで本書の議論のいくつかを補強することができ、より説得力のある記述が可能になりました。ありがとうございました。

本書の草稿は、京都大学教育学部の学部生のみなさんにも読んでいただきました。学生さんたちから、概ね肯定的なコメントをいただいたことは、執筆を進めるうえで励みになりました。そして、いくつかの重要なコメントにつきましては、本書の内容に反映させていただきました。

草稿ができあがった段階で、ちくま新書編集部の山本拓さんから多数のコメントをいただきました。そのおかげで、自分たちの日本語レベルの低さに気づき、多少なりとも改善することができました。山本さんのお力がなければ、普段日本語で文章を書く機会のほとんどない私たちは、とても本書の出版まで到達できなかったと思います。伴走下さりありがとうございました。

本書は7〜8年にもわたる著者らの議論をもとにしていますが、こうした長い長い議論は、京都大学という環境なくしては不可能でした。私たち著者がともに所属していた京都大学白眉《はくび》センターは、様々な分野の若い研究者を集め、5年間自由な時間を与え、研究に打ち込ませてくれる夢のような場所です。このセンターで私たちは出会い、国籍・分野を越えた新しい議論を始めることができました。ここでの5年を終えてからは、京都大学大学院教育学研究科に場所を移して、さらに議論を深めることができました。私たちの議論を可能にしてくれた京都大学には、たいへん感謝しています。

著者の1人（ラプリー）は、これまで長きにわたって日本で過ごし、多くの方々と学校教育について話をしてきました。私の長い日本生活は、岐阜県立大垣工業高校に始まりました。私は大垣工業高校でAET（英語指導助手）として働き、そこで多くの友人・同僚に恵まれました。彼ら・彼女らから、日本の教育について率直な意見を多く教えていただき、また生活の面でも支えていただきました。特に、保健の先生だった冨田悦子先生には、最初の1年間、ずっとお弁当を作っていただくという格別の配慮をいただき、生活上の相談にいつも乗っていただきました。大垣工業高校でのＡＥＴの経験がなかったら、日本の教育について研究をすることもなかったかもしれません。

高校の先生という教育実践の仕事から、教育研究へと足場を移してからは、特に東京大学大学院教育学研究科でお世話になりました。そこで、苅谷剛彦先生をはじめ、多くの方々の助けのもと、日本の教育を深く研究をする機会をいただきました。その後、京都大学白眉センターを経て、京都大学大学院教育学研究科に移りました。同研究科の日本人の先生方は、外国人である私を歓迎してくださり、たくさんの議論をさせていただきました。特に、齋藤直子先生、西平直先生、矢野智司先生、稲垣恭子先生、安藤幸先生、高山敬太先生には、本書の内容に深く関わる問題について、実りある議論をさせていただきました。ありがとうございました。

当研究科は、「国内的視点に、国際的視点を意識的に加えていく」という方向に活動を展開しており、その方向性については私も深く賛同するところです。特に、２０１７年に設置されたグローバル教育展開オフィスは、国際交流や日本からの情報発信だけでなく国内的教育論議の深化をも目指しており、その活動から私は多くを教えていただいています。

最後に、両親に感謝します。私の両親は、ともにアメリカで教員をしていました。父は高校の先生、母は幼稚園の先生でした。両親の存在なくしては、私が教育に興味を持つことも、さらに教育を深く研究することもなかったと思います。ただ1つ残念なのは、両親が日本語を読めないことです。本当は彼らにも本書を読んでもらいたいのですが。

著者のもう1人（小松）は、もともと自然科学系の環境学者でした。今は、環境問題を文化の問題と捉え、教育を通じた解決を模索しています。このように研究分野を変えてきてはいますが、本書を推敲しながら何度も読んでみると、自然科学系研究者としての視点・技法が透けて見えてきます。この視点・技法は、多くの優れた先生方、先輩、同僚、後輩たちと一緒に行った幾多もの研究を通じて習得したものです。

たくさんの方にお世話になっていますが、代表してお1人だけ鈴木雅一先生（東京大学大学院農学生命科学研究科名誉教授）のお名前を挙げさせていただきます。鈴木先生は私の大学から大学院を通じての指導教官でした。先生には、考えている問題を解くためにデータを解析するだけでなく、データ解析を通じて問題を再定義する「再帰的データ解析」を教えていただきました。

私が教育の重要性に気づいたのは、娘の出産・育児を通じてのことです。そして、娘が成長するにしたがって、数多くの友人や学校の先生方（特に、娘が日本で通っていた京都市立養徳小学校の先生方）と交流する機会に恵まれました。もし、本書が保護者の方々、学校の先生方に訴えるところがあるとすれば、この友人たちと先生方のおかげです。そして友人たち、先生方と交流できたのは、そもそも娘が生まれてきてくれたからです。娘・安里、そして娘を産み、ともに育ててくれている妻・理恵に感謝します。

参考文献・データ

本書では、国際的な視点から日本の教育を見ることを提案しました。この視点についてもっと理解を深めたい方には、以下の文献をお勧めします。

恒吉僚子（1992）『人間形成の日米比較――かくれたカリキュラム』中公新書

ルーシー・クレハン（2017）『日本の15歳はなぜ学力が高いのか？――5つの教育大国に学ぶ成功の秘密』橋川史訳、早川書房

前者は、日米両国で育った教育研究者が、学校に注目しながら、日米の人間形成の在り方の違いを明らかにしたものです。アメリカの学校を知ることで、日本の学校の当たり前が、決して当たり前でないことを知ることができます。

後者は、イギリスの学校で理科と心理学を教えていた著者が、教育に成功している5カ国をめぐり、成功の原因を探ったものです。この5カ国の中に日本も入っています。したがって日本の教育が、外国人にどのように映るのかを知ることができます。

本書のようにデータを使った本としては、以下をお勧めします。

松岡亮二（2019）『教育格差——階層・地域・学歴』ちくま新書

この本は、新進気鋭の研究者が、日本の教育格差についてデータを使って詳細に検討したものです。国際比較という視点はさほど強くないものの、データを使うことで、いかに私たちの感覚があやふやなものであるかを教えてくれます。本書では教育格差の問題を十分に扱えていませんから、この本を併読されると有益かと思います。

また、本書で扱ったデータは、すべてインターネット上で入手できます。本書で最も頻繁に利用したピザ、ティムズ、ピアックのデータは、以下のウェブサイトから得られます。

ピザ　http://www.oecd.org/pisa/
ティムズ　https://timssandpirls.bc.edu/
ピアック　https://www.oecd.org/skills/piaac/

ピザのウェブサイトには、データを解析するためのツール（データエクスプローラー）もありますから、異なる国のデータを簡単に比較することができて便利です。ピザ、ティムズ、ピアックの報告書についても、上記のウェブサイトから参照することができます。

以上の文献・データ以外で、本書で参照・引用したものは以下の通りです。

【和文】

ウェーバー、マックス（2010）『プロテスタンティズムの倫理と資本主義の精神』中山元訳、日経BPクラシックス

内田樹（2005）『先生はえらい』ちくまプリマー新書

内田樹（2008）『街場の教育論』ミシマ社

内田由紀子（2020）『これからの幸福について――文化的幸福観のすすめ』新曜社

OECD（2017）『日本の教育政策に関する報告書　発表会見』https://www.youtube.com/watch?v=pmlluhg6HOk&t=2536s

カスリス、トマス（2016）『インティマシーあるいはインテグリティー――哲学と文化的差異』衣笠正晃訳、高田康成解説、法政大学出版局

学研（2016）「小学生白書」https://www.gakken.co.jp/kyouikusouken/whitepaper/201609/chapter12/02.html

苅谷剛彦（2019）『追いついた近代　消えた近代――戦後日本の自己像と教育』岩波書店

国立青少年教育振興機構（2017）「高校生の勉強と生活に関する意識調査報告書」http://www.niye.go.jp/kenkyu_houkoku/contents/detail/i/114/

相良亨（2011）『本居宣長』講談社学術文庫

ドゥエック、キャロル・Ｓ（２０１６）『マインドセット――「やればできる！」の研究』草思社
内閣府（２０１３）「我が国と諸外国の若者の意識に関する調査」https://www8.cao.go.jp/youth/kenkyu/ishiki/h25/pdf-index.html
西岡加名恵（２０１７）「日米におけるアクティブ・ラーニング論の成立と展開」『教育学研究84』３１１～３１９頁
日本小児内分泌学会（２０２０）「肥満」http://jspe.umin.jp/public/himan.html
日本労働研究機構（２００１）「調査研究報告書Ｎｏ．１４３　日欧の大学と職業――高等教育と職業に関する12ヵ国比較調査結果」https://db.jil.go.jp/db/seika/zenbun/E2001090016_ZEN.htm
広田照幸（２０１９）『教育改革のやめ方――考える教師、頼れる行政のための視点』岩波書店
福澤諭吉（２０１３）『現代語訳　文明論之概略』齋藤孝訳、ちくま文庫
ベネッセ教育総合研究所（２０１５）「学習基本調査」https://berd.benesse.jp/shotouchutou/research/detail1.php?id=4801
ベネッセ教育総合研究所（２０１８）「学校教育に対する保護者の意識調査」https://berd.benesse.jp/up_images/research/Hogosya_2018_web_all.pdf
文部科学省（２００６）「新しい教育基本法について」https://www.mext.go.jp/b_menu/kihon/houan/siryo/07051111/001.pdf

文部科学省（２００８）「子どもの学校外での学習活動に関する実態調査報告」https://www.mext.go.jp/b_menu/houdou/20/08/08080710/001.pdf
文部科学省（２０１５）「これからの学校教育を担う教員の資質能力の向上について」https://www.mext.go.jp/b_menu/shingi/chukyo/chukyo0/toushin/1365665.htm
文部科学省（２０１５）「教育課程企画特別部会　論点整理　補足資料５」https://www.mext.go.jp/b_menu/shingi/chukyo/chukyo3/053/sonota/1361117.htm
文部科学省（２０１８）「平成30年度 児童生徒の問題行動・不登校等生徒指導上の諸課題に関する調査結果について」https://www.mext.go.jp/component/a_menu/education/detail/_icsFiles/afieldfile/2019/10/25/1412082-30.pdf
文部科学省（２０１９）「学校保健統計調査」https://www.mext.go.jp/b_menu/toukei/chousa05/hoken/1268826.htm
文部科学省大学分科会（２０１２）「学生の学修時間の現状」https://www.mext.go.jp/b_menu/shingi/chukyo/chukyo4/siryo/attach/_icsFiles/afieldfile/2012/07/27/1323908_2.pdf
リクルートマネジメントソリューションズ（２００６）「教員意識調査・保護者意識調査報告書」https://www.mext.go.jp/a_menu/shotou/kyuyo/07061801/002.pdf
ルソー、ジャン・ジャック（１９６２）『エミール』今野一雄訳、岩波文庫

【英文】

Bonwell CC, Eison JA (1991) *Active Learning: Creating Excitement in the Classroom*. Association for the Study of Higher Education, Washington, D. C.

Dweck CS (2006) *Mindset: The New Psychology of Success*. Ramdom House, New York.

Forbes (2020) "The Truth About Education Policy Is That It's Based On A Myth." https://www.forbes.com/sites/nickmorrison/2020/07/29/the-truth-about-education-policy-is-that-its-based-on-a-myth/sh=6709af9c3e52

Golsteyn BHH, Vermeulen S, de Wolf I (2016) "Teacher literacy and numeracy skills: international evidence from PIAAC and ALL." *De Economist 164*, 365–389.

Hanushek E, Woessmann L (2010) *The High Cost of Low Educational Performance: The Long-Run Economic Impact of Improving PISA Outcomes*. OECD Publishing, Paris.

Heine SJ, Lehman DR, Ide E, Leung C, Kitayama S, Takata T, Matsumoto H (2001) "Divergent consequences of success and failure in Japan and North America: an investigation of self-improving motivations and malleable selves." *Journal of Personality and Social Psychology 81*, 599–615

OECD (2012) *Lessons from PISA for Japan*. OECD Publishing, Paris.

OECD (2015) *Schooling Redesigned Towards Innovative Learning System*. OECD Publishing, Paris.

OECD (2016) *PISA 2015 Results (Volume II): Policies and Practices for Successful Schools*.

OECD Publishing, Paris.

OECD (2019) *TALIS 2018 Results (Volume I): Teachers and School Leaders as Lifelong Learners*. OECD Publishing, Paris.

OECD (2019) *Health at a Glance*. OECD Publishing, Paris. http://www.oecd.org/health/health-systems/health-at-a-glance-19991312.htm

OECD Statistics (2020) https://stats.oecd.org/viewhtml.aspx?datasetcode=EAG_GRAD_ENTR_RATES&lang=en

Our World in Data (2020) https://ourworldindata.org/

Roh BR, Jung EH, Hong HJ (2018) "A comparative study of suicide rates among 10-19-year-olds in 29 OECD countries." *Psychiatry Investigation 15*, 376–383.

Stevenson HW and Stigler JW (1992) *The Learning Gap*. New York, NY: Simon & Schuster.

Stigler JW and Hiebert J (1999) *The Teaching Gap*. New York, NY: Free Press.

UNDP (2019) *Human Development Reports*. http://hdr.undp.org/sites/default/files/hdr2019.pdf

United Nations Office on Drugs and Crime (2020) Statistics. https://www.unodc.org/unodc/en/data-and-analysis/statistics/index.html

Washington Post (2017) "Is There Really a Link between Test Scores and America's Economic Future?" https://www.washingtonpost.com/news/answer-sheet/wp/2017/04/27/is-there-really-a-link-between-test-scores-and-americas-economic-future/#comments

WHO (2020) "Health Statistics 2020: Monitoring Health for the SDGs." https://www.who.int/gho/publications/world_health_statistics/2020/en/

World Bank (2020) "The World Bank Open Data." https://data.worldbank.org/

本書で扱った内容について、さらに学問的に検討されたい方は、著者らの執筆した以下の論文を参照されることをお勧めします。

Komatsu H, Rappleye J (2017) "A PISA paradox? An alternative theory of learning as a possible solution for variations in PISA scores." *Comparative Education Review 61 (2)*, 269–297.

Komatsu H, Rappleye J (2017) "Did the shift to computer-based testing in PISA 2015 affect reading scores?" *A view from East Asia. Compare: A Journal of Comparative and International Education 47 (4)*, 616–623.

Komatsu H, Rappleye J (2017) "A new global policy regime founded on invalid statistics? Hanushek, Woessmann, PISA, and economic growth." *Comparative Education 53*, 166–191.

Komatsu H, Rappleye J (2018) "Is Exam Hell the cause of high academic achievement in East Asia? The Case of Japan and the case for transcending stereotypes." *British Education Research Journal 44 (5)*, 802–826.

Komatsu H, Rappleye J (2019) "Refuting the OECD-World Bank Development Narrative: Was

East Asia's 'Economic Miracle' primarily driven by high educational achievement and cognitive skills?" *Globalisation, Societies and Education 17*, 101–116.

Komatsu H, Rappleye J (2020) "Reimagining modern education: Contributions from modern Japanese philosophy and practice?" *ECNU Review of Education 3*, 20–45.

Komatsu H, Rappleye J, Silova I (2021) "Student-centered learning and sustainability: solution or problem?" *Comparative Education Review 64*, 頁未定

Rappleye J, Komatsu H (2017) "How to make Lesson Study work in America and worldwide: a Japanese perspective on the onto-cultural basis of (teacher) education." *Research in Comparative and International Education 12 (4)*, 398–430.

Rappleye J, Komatsu H (2018) "Stereotypes as Anglo-American Exam Ritual? Comparisons of students' exam anxiety in East Asia, America, Australia, and the United Kingdom." *Oxford Review of Education 44 (6)*, 730–754.

Rappleye J, Komatsu H, Uchida Y, Krys K, Markus H (2019) " 'Better policies for better lives' ?: Constructive critique of the OECD's (mis) measure of student well-being." *Journal of Education Policy 35 (2)*, 258–282.

Rappleye J, Komatsu H (2020) "Is bullying and suicide a problem for East Asia's schools? Evidence from TIMSS and PISA." *Discourse: Studies in the Cultural Politics of Education 41 (2)*, 310–331.

Rappleye J, Komatsu H (2020) “Is Knowledge Capital theory degenerate? PIAAC, PISA, and economic growth. Compare” 巻・頁未定, https://www.tandfonline.com/doi/abs/10.1080/03057925.2019.1612233?journalCode=ccom20

Rappleye J, Komatsu H (2020) “Is shadow education the driver of East Asia's high performance on comparative learning assessments?” *Education Policy Analysis Archives 28 (67)*, 1-25.

ちくま新書
1549

日本《にほん》の教育《きょういく》はダメじゃない
――国際比《こくさいひ》較《かく》データで問《と》いなおす

二〇二一年二月一〇日　第一刷発行

著　者　小松　光（こまつ・ひかる）
　　　　ジェルミー・ラプリー

発行者　喜入冬子

発行所　株式会社　筑摩書房
　　　　東京都台東区蔵前二―五―三　郵便番号一一一―八七五五
　　　　電話番号〇三―五六八七―二六〇一（代表）

装幀者　間村俊一

印刷・製本　株式会社　精興社

本書をコピー、スキャニング等の方法により無許諾で複製することは、法令に規定された場合を除いて禁止されています。請負業者等の第三者によるデジタル化は一切認められていませんので、ご注意ください。
乱丁・落丁本の場合は、送料小社負担でお取り替えいたします。
© KOMATSU Hikaru and Jeremy RAPPLEYE　2021
Printed in Japan
ISBN978-4-480-07371-6 C0237

ちくま新書

1455 ことばの教育を問いなおす
――国語・英語の現在と未来
鳥飼玖美子
苅谷夏子
苅谷剛彦
大学入学共通テストへの記述問題・民間試験導入などで揺れ動く国語教育・英語教育。ことばの教育はどうあるべきなのか、3人の専門家がリレー形式で思考する。

1436 教え学ぶ技術
――問いをいかに編集するのか
苅谷剛彦
石澤麻子
オックスフォード大学の教育法がここに再現！　論理をいかに構築するのか？　問いはどうすれば磨かれるのか？　先生と学生との対話からその技術を摑み取れ。

399 教えることの復権
大村はま
苅谷剛彦・夏子
詰め込みかゆとり教育か。今再びこの国の教育が揺れている。教室と授業に賭けた一教師の息の長い仕事を通して、もう一度正面から「教えること」を考え直す。

1511 学力格差を克服する
志水宏吉
学力格差の実態はどうなっているのか？　それを克服するにはどうすればよいのか？「学力保障」の考え方や学校の取り組みなどを紹介し、解決に向け考察する。

1419 夫婦幻想
――子あり、子なし、子の成長後
奥田祥子
愛情と信頼に満ちあふれた夫婦関係は、いまや幻想なのか。不安やリスクを抱えつつも希望を見出そうとして苦闘する夫婦の実態を、綿密な取材に基づいて描き出す。

1468 国語教育　混迷する改革
紅野謙介
実用文と複数資料を扱う「大学入学共通テスト」の構造的欠陥とは。論理と文学を切り分けた「新学習指導要領」の行方は。歪められつつある国語教育の未来形を考える。

1473 危機に立つ東大
――入試制度改革をめぐる葛藤と迷走
石井洋二郎
秋季入学構想の加速、英語民間試験をめぐる問題……日本のリーディング大学で何が起こっていたのか？　改革の経緯を見直し、大学のあるべき姿を提示する。

ちくま新書

1354
国語教育の危機
——大学入学共通テストと新学習指導要領
紅野謙介
二〇二一年より導入される大学入学共通テスト。高校国語教科書の編集に携わってきた著者が、そのプレテスト問題を分析し、看過できない内容にメスを入れる。

1399
問い続ける力
石川善樹
「自分で考えなさい」と言われるが、何をどう考えればいいのだろうか？　様々な分野の達人9人をたずね、それぞれの問いのたて方、そして問い続ける力を探り出す。

1491
考え続ける力
石川善樹
「考える」とは何か？　安宅和人、濱口秀司、大嶋光昭、小泉英明、篠田真貴子ら「考え続ける賢人」の頭の中をのぞき見る。「思考シリーズ」新書第2弾。

1014
学力幻想
小玉重夫
日本の教育はなぜ失敗をくり返すのか。その背景には、子ども中心主義とポピュリズムの罠がある。学力をめぐる誤った思い込みを抉り出し、教育再生への道筋を示す。

1026
ユダヤ人の教養
——グローバリズム教育の三千年
大澤武男
グローバルに活躍するユダヤ人。ノーベル賞受賞、世界企業の創業、医師や弁護士……。輝かしい業績を生む彼らの教養・教育への姿勢と実践を苦難の歴史に探る！

1041
子どもが伸びる　ほめる子育て
——データと実例が教えるツボ
太田肇
「ほめて育てる」のは意外と難しい。間違えると逆効果。どうしたら力を伸ばせるのか？　データと実例で「ほめ方」を解説し、無気力な子供を変える育て方を伝授！

1047
公立中高一貫校
小林公夫
私立との違いは？　適性検査の内容は？　どんな子どもが受かるのか？　難関受験教育のエキスパートが、徹底した問題分析と取材をもとに、合格への道を伝授する。

ちくま新書

1174
「超」進学校　開成・灘の卒業生
——その教育は仕事に活きるか
濱中淳子
東西の超進学校、開成と灘に実施した卒業生調査。中高時代の生活や悩みから現在の職業、年収まで詳細に分析。そこから日本の教育と社会の実相を逆照射する。

1180
家庭という学校
外山滋比古
親こそ最高の教師である。子供が誰でも持つ天才的能力をつなぎとめるには、親が家庭で上手に教育するしかない。誇りを持って、愛情をこめて子を導く教育術の真髄。

1212
高大接続改革
——変わる入試と教育システム
山内太地
本間正人
2020年度から大学入試が激変する。アクティブラーニング（AL）を前提とした高大接続の一環。では、ALとは何か、私たち親や教師はどう対応したらよいか？

1239
知のスクランブル
——文理的思考の挑戦
日本大学文理学部編
文系・理系をあわせ持つ、文理学部の研究者たちが結集。18名の研究紹介から、領域横断的な「知」の可能性が見えてくる。執筆者：永井均、古川隆久、広田照幸ほか。

1337
暴走する能力主義
——教育と現代社会の病理
中村高康
大学進学が一般化し、いま、学歴の正当性が問われている。〈能力〉のあり方が揺らぐ現代を分析し、私たちが生きる社会とは何なのか、その構造をくっきりと描く。

1339
オカルト化する日本の教育
——江戸しぐさと親学にひそむナショナリズム
原田実
偽史・疑似科学にもとづく教育論が、教育行政に影響を与えている。欺瞞に満ちた教えはなぜ蔓延したのか。嘘がばれているのに、まかり通る背景には何があるのか。

1386
大学の未来地図
——「知識集約型社会」を創る
五神真
高等教育機関たる大学は知の集積拠点である。価値創造の上でも力を発揮する大学は、日本の未来にとっても重要な役割を果たす。その可能性を説く新時代の大学論！

ちくま新書

1451 大学改革の迷走

佐藤郁哉

シラバス、PDCA、KPI……。大学改革にまつわる政策は理不尽、理解不能なものばかり。なぜそういった改革案が続くのか？　その複雑な構造をひもとく。

1241 不平等を考える
——政治理論入門

齋藤純一

格差の拡大がこの社会に致命的な分断をもたらしている。不平等の問題を克服するため、どのような制度を共有すべきか。現代を覆う困難にいどむ、政治思想の基本書。

659 現代の貧困
——ワーキングプア／ホームレス／生活保護

岩田正美

貧困は人々の人格も、家族も、希望も、やすやすと打ち砕く。この国で今、そうした貧困に苦しむのは「不利な人々」ばかりだ。なぜ？　処方箋は？　をトータルに描く。

710 友だち地獄
——「空気を読む」世代のサバイバル

土井隆義

周囲から浮かないよう気を遣い、その場の空気を読もうとするケータイ世代。いじめ、ひきこもり、リストカットなどから、若い人たちのキツさと希望のありかを描く。

947 若者が無縁化する
——仕事・福祉・コミュニティでつなぐ

宮本みち子

高校中退者、若者ホームレス、低学歴ニート、世の中から切り捨てられ、孤立する若者たち。彼らを社会につなぎとめるために、現状を分析し、解決策を探る一冊。

1113 日本の大課題 子どもの貧困
——社会的養護の現場から考える

池上彰 編

格差が極まるいま、家庭で育つことができない子どもが増えている。児童養護施設の現場から、子どもの貧困についての実態をレポートし、課題と展望を明快にえがく。

1288 これからの日本、これからの教育

前川喜平
寺脇研

二人の元文部官僚が「加計学園」問題を再検証し、生涯学習やゆとり教育、高校無償化、夜間中学など一連の改革をめぐってとことん語り合う、希望の書！

ちくま新書

1422
教育格差
――階層・地域・学歴
松岡亮二
親の学歴や居住地域など「生まれ」によって、子どもの学歴・未来は大きく変わる。本書は、就学前から高校まで教育格差を緻密に検証し、採るべき対策を提案する。

1490
保育園に通えない子どもたち
――「無園児」という闇
可知悠子
保育園にも幼稚園にも通えない「無園児」の家庭に潜む闇を、丹念な研究と取材で明らかにした問題作。NPO法人フローレンス代表、駒崎弘樹氏との対談も収録。

336
高校生のための経済学入門
小塩隆士
日本の高校では経済学をきちんと教えていないようだ。本書では、実践の場面で生かせる経済学の考え方をわかりやすく解説する。お父さんにもピッタリの再入門書。

928
高校生にもわかる「お金」の話
内藤忍
お金は一生にいくら必要か？　お金の落とし穴って何だ？　ＡＫＢ48、宝くじ、牛丼戦争など、身近な喩えでわかりやすく伝える、学校では教えない「お金の真実」。

1006
高校生からの経済データ入門
吉本佳生
データの収集、蓄積、作成、分析。数字で考える「頭」は、情報技術では絶対に買えません。高校生でも、そして大人でも、分析の技法を基礎の基礎から学べます。

1275
ゆとり世代はなぜ転職をくり返すのか？
――キャリア思考と自己責任の罠
福島創太
いま、若者の転職が増えている。本書ではゆとり世代の若者たちに綿密なインタビューを実施し、分析。また、彼らをさらなる転職へと煽る社会構造をあぶり出す！

1432
やりなおし高校地学
――地球と宇宙をまるごと理解する
鎌田浩毅
人類の居場所である地球・宇宙をまるごと学ぼう！　京大人気No.1教授が贈る、壮大かつ実用的なエッセンスを集めた入門書。日本人に必須の地学の教養がこの一冊に。

ちくま新書

1454 やりなおし高校物理　永野裕之
ムズカシイ……。定理、法則、数式と覚えて理解しなきゃいけないことが多い物理。それを図と文章で一気に理解させ、数式は最後にまとめて確認する画期的な一冊。

1545 学びなおす算数　小林道正
分数でわるとなぜ答えが大きくなるか、円周率はなぜわりきれないか、マイナスかけるマイナスがなぜプラスになるか、図形感覚が身につく補助線とは……。

998 医療幻想 ――「思い込み」が患者を殺す　久坂部羊
点滴は血を薄めるだけ、消毒は傷の治りを遅くする、抗がん剤ではがんは治らない……。日本医療を覆う、根拠のない幻想の実態に迫る！

1298 英語教育の危機　鳥飼玖美子
大学入試、小学校英語、グローバル人材育成戦略……2020年施行の新学習指導要領をはじめ、日本の英語教育は深刻な危機にある。第一人者による渾身の一冊！

1350 英語教育幻想　久保田竜子
英語は全世界の人々を繋ぐ？　英語力は経済的な成功に？　ネイティブ教師について幼少期から学習するのが良い？　日本人の英語信仰、その真偽をあぶりだす。

1405 英語の処方箋 ――「日本人英語」を変える100のコツ　ジェームス・M・バーダマン　安藤文人訳
「よろしく」って英語で何て言う？　"Long time no see." は使わないほうがよい？　日本人英語の間違いや会話・文法の要点などを楽しく解説！

110 「考える」ための小論文　西研　森下育彦
論文を書くことは自分の考えを吟味するところから始まる。大学入試小論文を通して、応用のきく文章作法を学び、考える技術を身につけるための哲学的実用書。

ちくま新書

122 論文・レポートのまとめ方　古郡廷治

論文・レポートのまとめ方にはこんなコツがある！　用字、用語、文章構成から図表の使い方まで実例を挙げながら丁寧に秘訣を伝授。初歩から学べる実用的な一冊。

542 高校生のための評論文キーワード100　中山元

言説とは？　イデオロギーとは？　テクストとは？　辞書を引いてもわからない語を、思想的背景や頻出する文脈から解説。評論文を読む〈視点〉が養えるキーワード集。

600 大学生の論文執筆法　石原千秋

大学での授業の受け方から、大学院レベルでの研究報告や社会に出てからの書き方まで含め、執筆法の秘伝を公開する。近年の学問的潮流も視野に入れた新しい入門書。

604 高校生のための論理思考トレーニング　横山雅彦

日本人は議論下手。なぜなら「論理」とは「英語の」思考様式だから。日米の言語比較から、その背後の「心の習慣」を見直し、英語のロジックを日本語に応用する。２色刷。

908 東大入試に学ぶロジカルライティング　吉岡友治

腑に落ちる文章は、どれも論理的だ！　東大入試を題材に、論理的に書くための「型」と「技」を覚えよう。学生だけでなく、社会人にも使えるワンランク上の文章術。

972 数学による思考のレッスン　栗田哲也

隠された問いを発見し、自前のストーリーを構築する思考の力とは何か。数学五輪メダリストを育てる著者が体験に基づいて問題提起する、数学的「考えるヒント」。

1404 論理的思考のコアスキル　波頭亮

ホンモノの論理的思考力を確実に習得するための決定版！　必須のスキル「適切な言語化」「分ける・繋げる」「定量的判断」と、その具体的トレーニング方法を指南する。